reinhardt

Esther Oberle

Survival-Guide für die Seele
Indien und andere Abenteuer

Friedrich Reinhardt Verlag

Projektleitung: Beatrice Rubin
Layout: Siri Dettwiler
ISBN 978-3-7245-2322-2

Der Friedrich Reinhardt Verlag wird
vom Bundesamt für Kultur mit
einem Strukturbeitrag für die Jahre
2016–2020 unterstützt.

www.reinhardt.ch

Inhalt

Grusswort

von Elisabeth Maria Bachofen

Ich kenne Esther seit vielen Jahren. Manchmal hörte ich von ihr Geschichten wie aus 1001 Nacht, oder ich las ihre Texte, die mich sofort ansprachen, weil sie Tiefgang zeigen. Zudem bin ich immer wieder überrascht, wie einmalig lebendig und ungewöhnlich Esthers Leben verläuft, wie sie sich immer neu erfindet und doch der Logotherapie weiter folgt. Woher nur nimmt sie die Kraft, sich treu zu bleiben und in den schmutzigen Strassen Indiens in schicken High Heels herumzulaufen? Wie schafft sie es, ihre Ehe und ihren fordernden Beruf in der Balance zu halten? Sie fliegt mehrmals pro Jahr von Indien in die Schweiz und nach Deutschland, um ihre beruflichen Aufgaben in ihren dicht gedrängten Terminkalender zu packen, und in Indien begleitet sie ihren Mann zu den Events der Firmen, die er führt, und kümmert sich um Waisenkinder. Wie bringt sie diese unterschiedlichen Welten unter einen Hut? Sie lebt fast 200-prozentig dank ihrer Lebensphilosophie.

Dieses Buch beschreibt das pralle Leben, das nicht immer wunschgemäss verläuft und uns Menschen bis an den Rand der Tragfähigkeit fordert. Esther versteht es, dieses Leben mit Grundsätzen der seelischen Gesundheit zu füllen. Es enthält viel praktische Lebensweisheit für alle, die sich mit gelingendem Leben befassen.

Einleitung
von Esther Marianne Oberle

 Indien? Oh nein, bitte nicht! Dies war mein erster Gedanke, als mein Ehemann mir mitteilte, seine nächste Mission habe er auf diesem Subkontinent zu erfüllen. Sein Arbeitgeber würde ihn dorthin senden, und das lieber heute als morgen. Was sollte ich tun? Ihn allein ziehen lassen oder mich mit dieser Tatsache arrangieren?

So begleitete ich Markus unter der Massgabe, dass diese Mission zwei, maximal drei Jahre dauern sollte. Jetzt sind wir mehr als sieben Jahre hier. Das Pendeln zwischen Indien und meiner Heimat, der Schweiz, also zwischen zwei völlig unterschiedlichen Welten, mag schick sein, ist jedoch auch anstrengend, lehrreich und manchmal ganz schön schwierig. In Europa bin ich die erfolgreiche und angesehene Psychologin «Frau Doktor Oberle». In Indien bin ich auch nach sieben Jahren die «Mrs Markus», und ich werde bei der Ausreise am Airport jedes Mal gefragt, ob mein Mann informiert und einverstanden sei, dass ich das Land verlasse.

Ich habe in Indien viele herrliche Momente erlebt, aber auch schwierige und einsame Tage. Statt in eine Depression zu flüchten oder meine Lebenszeit zu vertrödeln, begann ich, meine Erlebnisse und Erfahrungen aufzuschreiben. Selbstverständlich, anders kann es nicht sein, gesehen mit den analytischen Augen der Psychologin – und dem nachsichtigen Herzen der Ehefrau. Es geht um zeitlose, nicht nur indische Weisheiten und um praktischen Tipps für eine gelingende Lebensgestaltung.

Vielleicht gelingt es mir, Sie, liebe Leserin, lieber Leser, aktiv dazu anzuregen, manches im Leben neu anzudenken und auszuprobieren. Ich zeige anhand meiner Erlebnisse, wie ein Mensch auch in fremdbestimmten Berufs- und Lebenssituationen gut klarkommt und seine innersten Werte beibehält. Insofern würde es mich freuen, wenn ich Sie zum Nachdenken, Umdenken und Querdenken anregen könnte.

Es ist kein Rezeptbuch nach dem Motto «man nehme». Vielmehr ist es ein Konzeptbuch nach dem Motto «man gebe», «man steuere bei», aber auch «man akzeptiere und ertrage». Wir müssen zuerst geben, bevor wir nehmen können, weil ein egozentrisches, kurzsichtiges Denken dem persönlichen Wachstum und Erfolg im Wege steht. Geben heisst, mit Mut zu Wahrheit und Risiko, mit Fantasie und Freude, mit Vertrauen zu sich selbst und zu anderen und mit Rücksicht und Verständnis dem Gegenüber zu begegnen. Das ist meine persönliche Philosophie, und der darf widersprochen werden. Entscheidend ist, dass Sie die vielfältigen Chancen für sich und Ihr Leben erkennen, die in meine Erzählungen eingeflochten sind. Es ist wie eine Schatzsuche, die darauf wartet, von Ihnen entdeckt zu werden. Tauchen Sie ein in das Leben der «Mrs Markus».

**Menschen mit einer neuen Idee
gelten so lange als Spinner,
bis sich die Sache durchgesetzt hat.**

Mark Twain

Kapitel 1

200-prozentig leben

Gib Gas!

200-prozentig leben? Zugegeben, das hört sich anstrengend an. «Gib Gas!» würde ich dennoch gern mancher Frau und manchem Mann auf ein heisses Kissen schreiben und den Motor darunter losheulen lassen. «Gib Gas für das Wesentliche in deinem Leben! Gib Gas für deine Performance. Nicht für irgendeine, sondern für deine ganz persönliche. Gib Gas und habe Spass! Power macht 75 Prozent des Erfolgs aus. Wenn du sie nicht entwickeln willst, sei wenigstens nett.»

Wenn ich mir ansehe, wie und womit Menschen ihre Zeit vertrödeln, gibt mir das zu denken. Da wird mit elektronischem Schnickschnack gespielt, in den sozialen Medien hin- und her gechattet, x-mal am Tag die News-Seite angeklickt, um ja keine Neuigkeit zu verpassen, mit oberflächlichen Facebook-Freunden wird jede Seelenregung ausgetauscht, und wertvolle Lebenszeit wird dazu verwendet, um zu erfahren, an wen der Bachelor seine Rose Nummer drei verschenkt. Es wird nicht mehr unterschieden zwischen Wichtigem und Unwichtigem, zwischen dem, was einen weiterbringt oder was einen lähmt.

Trotz der Entlastung durch maschinelle Helfer in Küche, Haus und Garten, trotz Zeitersparnis durch Internet-Shopping und Lieferdienste ist das Leben für die meisten Menschen hektischer geworden. Das Burnout-Syndrom macht Karriere. Orientierungslos strauchelt so mancher durch seine Tage und überlegt sich kaum, wo und wer er sein möchte, zu welchem Menschen er heranreifen will, welche Ziele er verfolgen soll und welche (auch mentalen) Grenzen es zu überwinden gibt.

Mit «Gib Gas!» meine ich nicht, dass jeder durchs Leben hetzen muss oder 24 Stunden am Tag herumrennen soll. Nein! Es kann manchmal klüger sein, seine Route durchs Leben ohne grosse Umwege zu planen und zügig abzufahren. Es spricht nichts dagegen, den Fahrtwind so richtig auszukosten und sich schwungvoll in die Kurven zu legen. Es wäre aber unvorsichtig, vor lauter Lust am Fahren die anderen Verkehrsteilnehmer zu gefährden und die Warnschilder zu übersehen.

Manche sagen über mich, dass ich eine Vollblutfrau sei, die in ihre über 50 Lebensjahre die Ereignisse von drei Leben gepackt hat. Und Leute mit weniger Power fragen sich, wie lange ich das noch ohne Burnout durchhalte und was mein Geheimnis ist. Zugegeben, ich war immer aktiv und schon als Kind kaum zu bremsen. Als ich das Bein gebrochen hatte und einen Gips tragen musste, hinderte mich dieser nicht daran, mit den anderen Kindern von der Schaukel in möglichst hohem Bogen um die Wette zu springen, bis der Gips zerbrach und ich im Spital einen neuen verpasst bekam. Ein Herumrennen mit diesem hüfthohen Gips war nicht mehr möglich. Kurzerhand stellte ich mein steifes Gipsbein auf das Trottinett[1], und mit dem gesunden Bein erreichte ich ein Tempo, das meiner Mutter zeitweise das Blut in den Adern stocken liess.

Ist ein hochprozentiges Kind deshalb schwierig? Vielleicht hätte man mich heute «therapiert», um mich anzupassen. Aber meine weisen Eltern liessen mich viel erleben, und meine Grosseltern haben mir unendlich viel Inspiration und Bodenständigkeit mitgegeben. Mir

---

[1] Roller

ist bewusst, dass nicht alle Menschen über solche Startbedingungen verfügen. Aber ich bin mir sicher, dass es
das gar nicht braucht. Ich kenne genug Leute, die auch
ohne eine schöne Kindheit tatkräftig ihr Leben zu 200
Prozent leben.

200-prozentig leben verstehe ich nicht als Vorgabe,
um sich zu überfordern und mit hängender Zunge der
Arbeit und den Genüssen nachzurennen, sondern eher
«hochprozentig» leben, konzentriert, das Wesentliche
im Blick und voll präsent im Hier und Jetzt.

*Ein Rabbi wurde einmal gefragt, warum er trotz seiner
vielen Beschäftigungen immer so gelassen sein könne.
Er antwortete: Wenn ich stehe, dann stehe ich; wenn ich
gehe, dann gehe ich; wenn ich sitze, dann sitze ich; wenn
ich esse, dann esse ich; wenn ich spreche, dann spreche
ich ... Da fielen ihm die Fragesteller ins Wort. Das tun
wir auch, aber was machst du noch darüber hinaus? Er
sagte wiederum: Wenn ich stehe, dann stehe ich; wenn
ich gehe, dann gehe ich; wenn ich sitze, dann sitze ich;
wenn ich esse, dann esse ich; wenn ich spreche, dann
spreche ich ... Wieder unterbrachen ihn die Leute: Das
tun wir doch auch. Er aber sagte zu ihnen: Nein, wenn
ihr sitzt, dann steht ihr schon; wenn ihr steht, dann lauft
ihr schon; wenn ihr lauft, dann seid ihr schon am Ziel.*

Viele Menschen bleiben hinter ihren Möglichkeiten zurück. Das beschäftigt mich in meinen Therapiesitzungen.
Da scheitert ein junger Mensch an fachlichen Prüfungen
und glaubt nicht mehr an seine Fähigkeiten. Oder jemand verliert eine wichtige Stelle und zweifelt derart an

sich, dass er sich nicht mehr aus dem Haus traut. Ein Partner wendet sich ab, und die verlassene Person möchte sich nie mehr komplett auf jemanden einlassen, aus Angst, dasselbe erneut zu erleben.

Das ist doch Unsinn! Tausend Umstände können zu einem Hindernis werden, und Hindernisse sind in den seltensten Fällen komplette physische und mentale «Ausfälle» des menschlichen Lebens. Und solange ich lebe, möchte ich den Teil, der mir gewährt ist, intensiv leben. Wenn der Moment nicht meinen Wünschen entspricht, ist das kein Hindernis, um das Beste aus diesem Moment zu machen. Auch das ist eine Form des hochprozentigen Lebens: Ich öffne mich dem Moment, und ich gebe alles! Ich bringe mich voll ein und bin bereit, die Extrameile zu leisten.

Mein Fazit:

Wenn ich arbeite, dann arbeite ich mit vollem Elan, wenn ich putze, dann putze ich picobello, wenn ich jemandem zuhöre, bin ich voll dabei, und wenn ich entspanne, entspanne ich ganz. Egal, was ich tue: Ich tue es voll und ganz, eben mit 200 Prozent!

Einen Vorsprung im Leben hat, wer da anpackt, wo die anderen erst einmal reden.

John F. Kennedy

Kapitel 2

Angst ist das Gegenteil von Liebe und Vertrauen

Lieber nichts tun, als Fehler machen?

Worauf basiert Motivation? Es gibt nur zwei Wurzeln für Motivation. Was immer Sie und ich tun, tun wir aus Liebe oder aus Angst. Wo Angst ist, ist niemals Liebe, wo Liebe ist, ist niemals Angst. Leben heisst, Risiken einzugehen, mutig Entscheidungen zu treffen und dann zu ihnen zu stehen. Natürlich gibt es keine Garantie für die «richtige» Entscheidung. Aber das ist auch gar nicht nötig. Wer keine Fehler macht, macht oft sowieso nur wenig. Lieber unperfekt glücklich als perfekt unglücklich. Oder wie Einstein meinte: «Wahnsinn ist, immer wieder das Gleiche zu tun und andere Ergebnisse zu erwarten.»

Ich kann jeden Augenblick als einzigartig erleben und ihn mit Hochprozentigkeit füllen. Fragen oder Themen werden an mich herangetragen, ich erkenne sie aber nur, wenn ich wach und empfänglich dafür bin. Dabei bin ich aufgerufen, diese Lebensfragen zu beantworten – und mein Leben zu verantworten. Manchmal muss ich Aufgaben anpacken, die mir vor die Füsse fallen und die oft gar nicht meinen Träumen entsprechen. Zum Beispiel ein über siebenjähriges Indienabenteuer. Das Leben anzupacken heisst, bereit und offen zu sein für das Unerwartete mit unbegrenzten Möglichkeiten. Und es heisst, einen offenen, einsatzbereiten Geist zu pflegen, damit das Aussergewöhnliche überhaupt passieren kann.

Klar, ich kenne die Aufregung, Zweifel und Angst, wenn mir plötzlich bewusst wird, dass ich einen Fehler gemacht habe und nun die Konsequenzen zu tragen habe. Es gibt Perfektionisten, die sich deshalb keinen Lebensrisiken aussetzen möchten. Ängstlich bleiben sie lieber daheim und umgeben sich mit Menschen, die sie gut kennen und ihnen beipflichten. Sie riskieren keinen Jobwechsel, keinen Umzug. Sie ertragen es nicht, irgendeinen Fehler zu machen. Dabei kommt man oft über Fehler zu neuen Erkenntnissen. Ein solcher Moment der Aufregung war meine Ankunft in Indien an einem heissen Tag im Mai 2010.

Ankunft in Hyderabad

Die Maschine setzt ihre Räder auf. Rajiv Gandhi International Airport Hyderabad. Die ausschliesslich indischen Passagiere drängen, kaum ist das Flugzeug gelandet, sofort hektisch zur Tür, obwohl die Rampe noch nicht bereitsteht, das Anschnallzeichen noch leuchtet und die Flugzeugtüre noch verriegelt ist. Wie Rennpferde vor dem Startschuss denke ich, und ich bin wahrhaftig nicht langsam! Weshalb sind diese Menschen so überdreht? Ich habe eigentlich genau hier in Indien stoische Gelassenheit erwartet, aber sicher nicht diesen Ellenbogen-Krieg.

Endlich habe ich das extrem bürokratische Immigrationsprozedere hinter mir. Alle Stempel – rote, schwarze, blaue – schmücken nun meinen Pass. Mein Gepäck – ich reise mit zwei grossen Koffern – liegt schon lange auf dem Band und hat bereits mehrere Umdrehungen hinter sich. Ich hieve gerade die schweren Koffer auf den Trolley, da schiesst mir ein Gedanke durch den Kopf: Bratwürste!

Oh ja, ich schmuggle Bratwürste für meinen Liebsten! Im Flugzeug musste ich einen Zettel ausfüllen, ob ich Pflanzen, fleischliche Erzeugnisse oder Drogen einführe.

Oder Gold. Ich setzte meine Kreuzchen: nein, nein, nein und nochmals nein. Und jetzt sehe ich ihn am Ausgang: den Koffer-Scanner! Jetzt bloss cool bleiben. Ich lege meine Koffer auf das Band. Meine Nerven liegen blank: kein Schlaf, das erste Mal in Indien, Ausländerin ohne Hindi-Kenntnisse – und verbotene Bratwürste im Koffer versteckt.

Indische Gefängnisse sind hässlich, die Haftstrafen lang. Wie werden sich meine Eltern verhalten, meine Familie, meine Freunde und Bekannten, wenn sie erfahren, dass ich wegen Schmuggels verhaftet wurde? «Shantaram», das einzige Buch, das ich vor meiner Reise über Indien gelesen habe, überreichte mir ein Schweizer Juwelier mit den bedeutungsvoll vorgetragenen Worten: «Wenn Sie das gelesen haben, wissen Sie, wie es in Indien zugeht.» Das Arthur-Road-Gefängnis in Mumbai wird darin detailliert beschrieben. Für 800 Insassen gebaut, 2000 sitzen drin.

Hitze steigt in mir hoch. Meine beiden Koffer stecken im Scanner. Wie erkläre ich die zehn Bratwürste? Wird Markus mich je wiederfinden, wenn die strengen Gesetzeshüter mich verhaften? Es dauert ewig, die Koffer werden hin und her bewegt. Hin und her, hin und ... und hinten kommen sie raus. Kommen jetzt die Spürhunde? Eine Erinnerung blitzt auf: Während unserer Reise durch Australien und Neuseeland haben Schnüffelhunde am Airport Christchurch die Golftasche von Markus inspiziert und prompt eine angefaulte Banane gefunden. Dieser Fauxpas kostete mehrere hundert Dollar Strafe. Vielleicht komme auch ich mit einer Geldstrafe davon? Schnüffelhunde, wo seid ihr?

Keine Hunde, keine Detektive. Ich nehme meine beiden roten Koffer in Empfang. Nichts tut sich. Koffer um Koffer kommen heraus. Fremde schwarze, dunkelgrüne, anthrazitfarbene und unzählige Kartonschachteln aller Grössen. Jede einzelne ist kunstvoll verklebt und zugeschnürt. Echt indisch!

Ich lade meine kleine Schweizer Welt in den dünnen Hightech-Koffern auf den Trolley und marschiere inmitten der Hektik mit riesigen Schritten Richtung Ausgang.

«Hello! Hello, Madam», werde ich zwei Meter vor dem Ausgang angehalten. Ein Uniformierter in unvorteilhaftem Hellbeige hält mich an. Oh nein.

«Paper, Paper!», schreit er mich an.

Welches Papier, bitteschön? Ich habe null Ahnung, was er will. Ein Einfuhrdokument für Fleischwaren? Er ruft unbeirrt nach Papieren, bis ich endlich checke, was er will: noch ein Formular ausfüllen. Dieser Herr möchte es schriftlich haben, dass ich zwei Gepäckstücke plus ein Handgepäck aus dem Flughafengebäude entferne.

Endlich erreiche ich die erlösende Ausgangstür – und Markus steht da. Was für ein Mannsbild! Seine wunderschöne, weisse Mähne sticht aus der Menge indischer schwarzer Haupthaare heraus. Seine Grösse ist nicht minder auffällig. Seine kräftige Stimme übertönt das laute Stimmengewirr:

«Esther, endlich bist du da!»

Es muss Liebe sein, wenn eine gestandene Geschäftsfrau ihrem Ehemann dorthin folgt, wo sie nie freiwillig hingegangen wäre. Und diese starken Arme machen es möglich, dass ich für Sekunden alles vergesse und einfach nur glücklich bin.

Es folgt eine irre Fahrt mit dem Chauffeur durch eine Stadt, die mein Zuhause werden soll. Mein Zuhause? Diese Baustellen, der Lärm und das Chaos überall! Wo werden wir landen? Aber dann hält der Fahrer an vor dem feinen Hotel «Westin», in dem wir zunächst wohnen. Ich staune nicht schlecht, als unser Auto vor der Einfahrt nach Bomben untersucht wird. Und ich selbst werde erneut gescannt, ebenso mein Handgepäck. Na gut, so kann man sich wenigstens sicher fühlen. Auf dem Zimmer lege ich mich erst einmal aufs Ohr zum Jetlag-Nachschlafen.

Tage später: Markus hat Geburtstag. Ein bisschen feiern wollen wir schon, und zwar auf «Indisch». Also fährt uns der Fahrer zu einem Fünf-Sterne-Hotel downtown, und dort esse ich zum ersten Mal ein authentisches indisches Menü. Viel vegetarische Kost, richtig zügig gewürzt. Very hot, aber mir schmeckt es. Serviert wird auf einem runden Tablett, ausgelegt mit Bananenblättern. Darauf werden vier unterschiedliche Chutneys angeboten, dazu wird Naan gereicht, das indische Fladenbrot. Dann kommt die Hauptspeise: niemals ohne Reis, dazu herrliches Gemüse, Huhn und Fisch. Beef zu essen gilt bei den Indern als unsauber, da die Kühe heilig sind. Zum Dessert gibt es saftige «fresh fruits» und ganz zum Schluss ein «Friandies», in ein Bananenblatt eingerolltes Irgendwas. Beim Hineinbeissen hat es den Geschmack von Rosenseife. Beim Kauen entwickelt es eine leichte Bitternote wie eine unreife Artischocke, und im Abgang bleibt der Hauch einer Prise Kümmel mit Süssholz und Gallseife hängen. Wirklich extravagant. Ach ja: Gegessen wird üblicherweise mit den Fingern der rechten Hand. Die linke Hand wird zum Putzen des Hinterteils benutzt. Toilettenpapier gibt es nicht überall, aber meistens einen Eimer mit Wasser.

Zurück im Hotel ergebe ich mich in einen unruhigen Schlaf mit heftigen Träumen. Ein penetranter Gallseifengeschmack liegt auf meinem Gaumen.

Nach dem Frühstück werden Markus und ich abgeholt von einem einflussreichen Inder, der sich einen halben Tag Zeit nimmt, um uns Häuser und Wohnungen zu zeigen. Der Fahrer führt uns durch Hyderabad, und ich erhalte den ersten Eindruck von dieser Stadt. Baustellen, unendlich viele Menschen und Hupkonzerte. Fährt der Fahrer auf eine stehende Kolonne zu, es wird gehupt. Fährt er auf eine Kreuzung los, es wird gehupt. Will er rechts oder links abbiegen, es wird gehupt. Viel Staub, viel Dreck, viele Menschen und mindestens so viele Tiere.

Die Stadt Hyderabad liegt im Zentrum der Dekkan-Hochebene am Fluss Musi. Mit mehr als acht Millionen Einwohnern in der Innenstadt ist es die viertgrösste Stadt Indiens und Zentrum des sechstgrössten Ballungszentrums des Landes. Zählt man die Menschen im Stadtgürtel hinzu, sind es gut 15 Millionen Menschen, die hier leben. Es gibt einige Sehenswürdigkeiten wie die Charminar, die Golkonda-Festung, die grosse Buddha-Statue auf einer kleinen künstlichen Insel im Hussain Sagar Lake, die Ramoji Filmcity, die grosse Mekka-Moschee, das Salar-Jung-Museum und namhafte Universitäten und Hochschulen. Auf unserer Entdeckungsfahrt werden wir zuerst in eine «Expat-Siedlung» gebracht und schauen uns zwei nette Häuser an. Alle haben drei oder gar vier Schlafzimmer mit jeweils dazugehörendem Bad, allesamt ziemlich schmuddelig und schimmlig. Ein Blick, und ich weiss: nix für uns. Also fahren wir weiter, auf einen Hügel, auf dem die Bollywood-Stars wohnen. Schöne Aussicht auf die Golkonda-Ruinen – und die darunterliegenden Slums. Und auf Baustellen. Bei diesem Anblick schlägt das Zementerherz von Markus höher, beim Anblick der Pilzkulturen in den Nasszellen hört meines beinahe auf zu schlagen. Schwupp, sind wir weg. Markus sieht auch bei Neubauten «Bauschäden», und sein ästhetisches Bau-Auge leidet. Hier ist halt alles, wen wundert's, ein bisschen indisch. Das perfekte Schweizer Finish kann nicht nach Indien transformiert werden.

Es ist anstrengend, die Häuser zu besichtigen. Die gleissende Sonne, der immense Strassenverkehr, die Hektik, die vielen Menschen: All das ist für mich sehr ungewohnt. Bei jeder Besichtigung sind mindestens vier, manchmal sieben Männer vor Ort, die mitlaufen. «Very nice, I like that. Very good. Thank you so much.» Einer dieser Inder will uns dann gleich den Mietvertrag unterzeichnen lassen. «Certainly not», sagt Markus, und wird deutlich: Wir wollen ein neues Haus! Ohne krabbelnde Mitbewohner, mit Bädern ohne Schimmel, mit einer funktionstüchtigen Küche mit elektrischen Geräten. Basta! Unser Inder erstarrt zur Salzsäule, als er Markus' ungehaltene und umso prägnantere Stimme hört: «Yes Sir, yes, yes Sir! Of course, Sir. Yes Sir. Very good, Sir. I'm very happy, Sir. Okay, Sir.»

Von Europäern werde ich oft gefragt, wie ich es schaffe, Indien zu ertragen. Wie soll ich darauf antworten? Es gibt etwas, das mir sehr wichtig ist im Leben. Ist es eine Philosophie? Ein Glaube? Eine Geisteshaltung? Einige meiner Leitlinien stammen aus der Logotherapie und Existenzanalyse von Viktor E. Frankl. Er, der begnadete Wiener Psychiater und Neurologe, überlebte mehrere Konzentrationslager und hat trotz allem «Ja» zum Leben gesagt. Ich habe einige seiner Thesen verinnerlicht:

**Frage nicht nach dem Warum,
sondern nach dem Wozu.**

Und ich war immer eine, die nicht bloss geredet hat, sondern die zupackt und gibt. Wenn jetzt Indien gefordert ist, dann eben Indien. Ich gebe mich voll in die neue Aufgabe hinein. Das hält mich lebendig und macht die Situation zu einem lehrreichen Erlebnis.

Gefahr und Tod lauern überall

Vor ein paar Tagen besuchte mich Ruth, eine Schweizer Kollegin, in Indien. Als ich sie am Flughafen abhole – natürlich mit dem Fahrer – ist sie während den ersten Kilometern durch Hyderabad sehr aufmerksam und aufgeregt: «Was, einen eigenen Chauffeur hast du? La grande dame Esther! Schau, diese Bougainvilleas sehen aber toll aus, so viele Blumenkästen an der Airportzufahrt. Bloss die Streifen auf den Kästen sind hässlich. Und die brauchen doch viel Wasser. Haben die das hier in Indien? Uff, ist das heiss hier – aber klimatisiertes Auto. Oh je, der will durch dieses Gewühl? Schau mal, was hat der da auf seinem Fahrrad geladen? Wie schafft der das bloss? Und wie dünn er ist.»

«Inder sind oft dünn, wenn sie sich als einfache Tage-löhner durchschlagen müssen.»

Ruth ist voll konzentriert, jede Regung der Stadt mit-zukriegen. Angespannt starrt sie in dieses Gewusel. Ka-melkarren, lautes Gehupe, ein knatternder Töff ohne Auspuff, rechts fährt ein Inder auf seiner Royal Enfield haarscharf an unserem Auto vorbei – mitsamt seiner ganzen Familie. Zwei Erwachsene und drei Kinder auf diesem Motorrad. Und hier sind Hühner ausgebüxt. Ein Knabe fängt sie geschickt wieder ein. Er ist barfuss und die Strasse glühend heiss. Dort transportiert ein junger Mann mit seinem Motorrad unzählige Kartonschach-teln. Wie er mit dieser riesigen Ladung vor seinen Au-gen den Blick für die Strasse frei haben will, ist ein Rät-sel. Massiv überfüllte, gelbe, dreirädrige Rikscha-Taxis schlängeln sich gekonnt durch den für Westler unglaub-lichen Strassenverkehr. In der Schweiz spricht man gern von «Dichtestress». Was sagt man denn zu diesem Cha-os hier?

Ruth kommentiert alles. Ich lehne mich in die weichen Ledersitze, froh, schweigen zu können. Ich werde noch genug erklären und erzählen müssen.

«Hei, was ist denn da? Da liegt jemand auf der Stras-se!»

«Ja, das kommt vor, dass jemand auf der Strasse zu-sammenbricht oder stirbt.»

«Stopp! Wir müssen halten, wir müssen doch helfen! Wie kann man da weiterfahren?»

«Go on», rufe ich dem Fahrer zu, der etwas verwirrt ist wegen Ruths Aufregung. «Das ist indischer Alltag, man kann leider nicht immer helfen.»

«Und wo bleibt die Ambulanz?»

«Wenn er nicht versichert ist, kommt sie nicht. Und schau jetzt, dort ist der Golfplatz, der einzige Ort, wo ich an die frische Luft gehen kann. Indien ist ein Land der Gegensätze. Incredible India.»

Ruth sitzt der Schock wegen des kranken oder sterbenden Inders auf der Strasse noch in den Knochen:

«Hat dein Fahrer eine Extratour durchs Elendsviertel gemacht?»

«Wie kommst du darauf? Elend ist hier überall. Es säumt die Strassen und lebt dort. Wer ein Huhn hat, will es verkaufen, wenn er ein Hemd braucht. Der Dreck ist schlimmer. Die Strassenreinigung kommt längst nicht überall hin, sofern es sie denn gibt. Wenn es dann so richtige Bindfäden regnet während des Monsuns, dann schwemmt es allen Dreck hervor, tote Tiere, Kot und Abfall. Das ist dann so, wie man sich das Mittelalter vorstellt.»

«Hier lebst du? Das hältst du aus?», fragt Ruth ungläubig. «Oder erzählst du mir das bloss, um mich ein bisschen zu schrecken? Erschrocken bin ich schon vorher, als ich die Warnungen des EDA[1] gelesen hab.»

Dann liest sie mir von ihrem Smartphone vor, darin ist von Attentaten und terroristischen Angriffen die Rede, besonders in Grossstädten und bei Menschenansammlungen. «Wo warst du eigentlich, als das Attentat hier auf dem Markt von Hyderabad geschah, Esther? Da hab ich an dich gedacht und mir Sorgen gemacht!»

«Ich war auf meinem Zimmer im Westin. Wir sind schon erschrocken. Aber es ist so viel Gewalt in der Luft, so viel kämpferische Stimmung, da vergeht einem

---

[1] Eidgenössisches Departement für auswärtige Angelegenheiten

jeder Übermut. Ich überlege mir dann, wo und wie ich mein Leben hier in Indien trotzdem sinnvoll gestalten oder gar geniessen kann. Markus beschützt mich gut, und dann verlasse ich das Appartement nie ohne Begleitung. Auf den Gemüse- und Früchtemarkt gehe ich gern zum Einkaufen: die wunderbaren frischen Auslagen, die exotisch riechenden Gewürze – fantastisch! Vieles bestaune ich einfach. Aber ich gehe nicht allein. Srinivas, unser Fahrer, ist immer in Reichweite. Ich zeige dir morgen die Läden und Auslagen, dann kannst du dich selbst überzeugen, dass man hier trotz vieler Einschränkungen recht gut leben kann, wenn man einige Vorsichtsregeln einhält. Eigentlich ist es hier bei uns im Süden von Indien angenehmer und sicherer als im Norden. Dort gibt es Regionen, in die man nicht reisen sollte.»

«Und? Hast du Angst in der Stadt?»

Ich muss nachdenken.

«Angst ist das Gegenteil von Liebe und Vertrauen. Sie entspringt der Sorge um irgendetwas. Aber ich will mich nicht von Angst und Sorgen zerfressen lassen. Überall kann dir etwas passieren, auch in der Schweiz. Verkehrsunfälle, ein Herzschlag. Ein dummer Zufall, und schon ist das Leben zu Ende. Angst hilft niemandem. Also versuche ich, den Augenblick intensiv zu leben. Angst würde mich lähmen. Angst nährt sich von der Vergangenheit und malt eine düstere Zukunft. Wenn ich intensiv im Hier und Jetzt lebe, gebe ich der Angst keinen Platz. Ich konzentriere mich auf die Gegenwart, jetzt auf dich. Vielleicht macht mich die Gegenwart des Todes noch achtsamer für die wunderschönen Seiten des Lebens und für das Jetzt.»

Es gäbe viele Gründe, denke ich, um sich in Indien zu sorgen oder depressiv zu werden. Das will ich nicht. Ich habe mich entschieden, hier ein gutes, sinnerfülltes Leben zu führen. Das packe ich an in dem Bewusstsein, dass ich die Welt hier nicht ändern kann.

«Und wie merkst du, dass die Entscheidung richtig ist?»

«Viele sagen, dass es richtig ist, wenn es leicht geht oder Spass macht. Aber das muss es nicht. Frankl spricht in seiner Logotherapie von einer liebevollen Aufmerksamkeit den Menschen gegenüber. Eine Wahrnehmung, um zu erkennen, was mein Nächster jetzt braucht. Das ist christliches Gedankengut. Dann packt man an, wo Not ist.»

«Hier ist viel Not. Wie weisst du, wo du anfangen sollst?»

«Ich darf das Naheliegende nicht wegen überhöhter, ferner Ideale vernachlässigen. Ich bin die Frau von Markus. Da gehört in erster Linie mein Engagement für unsere Ehe dazu. Ich unterstütze ihn, wo ich kann, und er unterstützt mich, so gut er es versteht. Der Sinn ergibt sich von allein. Man muss ihn nicht suchen, er ist da, wenn man die Augen offen hält. Wir sind aufgerufen, dem Leben einen Sinn zu verleihen und das Leben, das wir führen, zu verantworten. Übrigens wird der Sinn oft durch Fragen an uns herangetragen.»

«Dann geht es um die Bereitschaft für das Unerwartete, für den Nächsten und Schwächeren und darum, darin für sich einen Sinn zu erkennen. Meinst du es so?»

«Genau. Und weisst du, Ruth: Für mich sind Himmel und Hölle keine Orte, sondern sie sind eine Geisteshaltung. Veränderung ist stets eine Sache des Wollens, nicht des Könnens. Ebenso ist Glück eine Sache des Denkens, der inneren Einstellung.»

Ruth stimmt mir zu, gibt aber zu bedenken, dass es ein schwerer Anspruch ist, diese Verantwortung für den Augenblick zu tragen.

«Auch das entscheidest du selbst», entgegne ich ihr, «ob etwas schwer sein soll oder nicht. Du musst dich deshalb nicht aufgeben. Es ist kein Auftrag zur völligen Selbstlosigkeit.»

Ich achte gezielt auf das Gute. Hier in Indien fällt es auch nicht schwer. Jeder Tag bringt Neues, Überraschendes, es ist ein ständiger Kitzel der Sinne. Herrliche Temperaturen, umwerfende Gerüche und eine äusserst lebendige Geräuschkulisse gehören einfach dazu. Die Augen gehen über vor farbiger Fülle, üppigen Blumen, bunten Saris, handgefertigten Gegenständen, die Zunge schmeckt die wohlige Süsse fremder Früchte, und im nächsten Augenblick will einen die Schärfe der Chilis zerreissen. Für mich sind das sinnliche Erfahrungen, die ich niemals mehr missen möchte.

Mein Fazit:
Nicht Perfektion, sondern die Haltung, in allem sein Bestes zu geben, ebnet den Weg zum Erfolg.

Es ist erstaunlich, wie der Filter des Interesses auf die selektive Wahrnehmung von Fakten wirkt.

Peter Cerwenka

Kapitel 3

Sei nicht interessant, sei interessiert

Wirklich zuhören

Dieses Geheimnis kennen nur wenige Menschen: Wer sich interessiert, wird interessant. Durch Fragen an unsere Mitmenschen erfährt man die spannenden Seiten des Lebens. Die richtigen Fragen stellen zu können, das ist für mich eine Kunst. Dazu braucht es gewisse Schlüsselkompetenzen wie das Kennen eigener Stärken, Schwächen und Grenzen, Kommunikations- und Kooperationsfähigkeit, Verständnisbereitschaft, Initiative und Tatkraft sowie reflektive und methodische Kompetenz.

So erzählen mir die Menschen viel von sich und ihrer Welt. Ich bin reich geworden durch die vielen Begegnungen und Geschichten, die ich erfahren habe. Ich glaube, es gibt kaum ein Thema, dem ich nicht irgendetwas abgewinnen kann. Interesse ist aber weit mehr, als beim Smalltalk halbherzig zuzuhören, und ausschliesslich darauf zu achten, wie man selber wirkt. Interesse braucht volles Zuhören, spürbares Zuhören, sodass der andere fühlt, dass ich zuhöre. Es braucht den Willen, die eigene Sichtweise zu reflektieren, und es braucht die Grösse, sich anderen Sichtweisen zu öffnen.

Sie werden vielleicht denken: Zuhören kann doch jeder. Aber das ist ein Irrtum. Wirklich zuhören können nur wenige Menschen, im besten Fall sogar so, dass dummen Leuten plötzlich gescheite Gedanken kommen. So, dass ratlose und unentschlossene Menschen auf einmal wissen, was sie wollen, oder dass Schüchterne sich plötzlich frei und mutig fühlen und Unglückliche und Bedrückte zuversichtlich werden.

Mit wachem, offenem Interesse kann man fast alle Menschen zum Reden bringen. Um ins Gespräch zu kommen, braucht es nicht viel. Am besten gelingt es mit Einfühlung. Was braucht diese Person vor mir gerade? Sicher keine Kritik und keine hochnäsige Bemerkung. Wer mit Arroganz und Besserwisserei, Gejammer und Vorwürfen in ein Gespräch startet, denkt nur an sich, aber nicht an das Gegenüber. Ein freundliches Wort, eine nette Geste und echtes Interesse öffnen viele Herzenstüren.

Jeder ist von interessanten Menschen umgeben. Man muss sie nicht suchen, sondern mit offenem Blick, wachem Geist und echtem Interesse an Menschen durch die Welt gehen. Ich kann immer etwas lernen oder manchmal etwas von dem weitergeben, was ich im Lauf der Zeit gelernt habe. Selbstverständlich habe ich immer auch spannende Männer kennengelernt. Dass ich mich für Markus entschieden habe, hat damit zu tun, dass er volles Interesse verlangte und volles Interesse zeigte.

Allein mit einem Fachmann

Der Beginn meiner Beziehung zu Markus war so ungewöhnlich und aufregend wie das Leben jetzt mit ihm in Indien. Schon beim zweiten Date prüfte Markus mein Interesse mit einem ungewöhnlichen Ausflug. Er fragte mich beim Kaffee, ob ich Lust hätte, ein Zementwerk zu besichtigen. Natürlich hatte ich Lust! Beim Zementwerk angekommen, öffnete er mir ganz gentlemanlike die Autotür. Ich schwang meine Beine möglichst elegant – das hatte ich mir bei «Christian Diors ewigen Regeln der Eleganz» abgeschaut – aus dem Wagen. Da der Ausstieg des SUV etwas höher war, erreichten meine Füsse trotz High Heels den Boden nicht, und weniger elegant als von mir vorgesehen rutschte ich in die Tiefe. Die Eleganz kam jetzt von Markus, der mich sicher fing. Der «Schau mir in die Augen, Kleines»-Blick, und meine Knie wurden weich …

Mit meinen schicken Louboutins – die mit der roten Sohle – stöckelte ich nun durch die staubige Fabrik. Oh je, ein Gitterrost! Unebener Betonboden, dann eine lange Rampe, komplett aus Gitterrost. Unter mir 20 Meter Tiefe. Schwindelig wurde mir nicht, aber meinen dünnen, hohen Absätzen drohte der Ruin. Tapfer schreite ich weiter. Markus öffnet die Bürotüre: Monitore, Unmengen von leuchtenden Knöpfen, Hebelchen und Messinstrumenten: definitiv nicht das Metier einer Psychologin.

Aber Markus' Begeisterung für diese Industrieanlage steckte mich an. Aufmerksam horchte ich seinen Ausführungen. Ein Mitarbeiter erklärte mir Details, an die ich mich nicht mehr erinnere, aber sehr präsent ist mir noch die nächste Etappe der Besichtigungstour: der Zementofen. Durch Gänge, über Treppen und Leitern näherten wir uns dem Ofen. Mir schlug eine enorme Hitze ins Gesicht. Markus erklärte mir, dass in dem Ofen eine Temperatur von 1450 Grad herrscht, die Abgastemperatur im 120 Meter hohen Kamin sogar 2000 Grad erreicht. Ich war sprachlos.

«Und wenn dein Kater mal das Zeitliche gesegnet hat, kann er hier verbrannt werden. Und nichts, aber auch gar nichts wird dann von ihm übrig bleiben. Nicht mal Asche. Sehr hygienisch.»

Wie bitte? Hatte ich mich gerade verhört? Sprach er so über meinen lieben Kater Rugby? Das gab schlagartig

Abzüge in der A- und in der B-Note. Pfeile schossen aus meinen Augen, Markus zuckte zurück – und weiss seit dieser Sekunde, dass ich eine grosse Tierliebhaberin bin.

Die dritte Etappe unserer Besichtigungstour sollte sich als i-Tüpfelchen herausstellen.

«Setz dich hinters Steuer», befahl mir Markus.

Nicht etwa fragend. Sein strenger Ton erlaubte keine Widerrede. Mit meinen nun völlig verstaubten Schuhen setzte ich mich hinter das Lenkrad, und Markus wies mir den Weg in Richtung eines Berges. Nach kurzer Fahrt stoppte ich den Wagen vor dem Eingang zum Berg.

Markus stieg aus, öffnete mit seinem Schlüssel die massive Gittertür und ich konnte mit dem Wagen in den Tunnel fahren. Ein bisschen mulmig wurde mir jetzt schon. Es war dunkel, staubig, eng, und ich sass, von der Aussenwelt abgeschirmt, neben einem Mann, den ich kaum kannte und der eben noch meinen Kater den Flammen übergeben wollte. Keine Möglichkeit zur Flucht, fuhr ich immer tiefer in das Innere des Berges. Dann tauchte wieder eine Eisenpforte im Scheinwerferlicht auf. Erwarteten mich etwa sieben Eisentore wie im grausigen Märchen? Oder symbolisieren diese sieben Eisentore die «sieben Brücken» in Peter Maffays Lied? Darin singt er «...manchmal ist mir kalt und manchmal heiss, manchmal weiss ich nicht mehr, was ich weiss ...»

Heimlich sah ich auf Markus' Hand, ob sich etwa die Finger veränderten oder rasch tausende Haare auf ihr wuchsen. Markus stieg aus, öffnete mit seinem Schlüssel das Gittertor, wir fuhren immer weiter ins Dunkel hinein. Und – ahnte ich es doch – schon tauchte die nächste Gittertür vor uns auf. Ich merkte, wie ich schneller atmete. Sollte das etwa kein Märchen werden, sondern ein Albtraum? Markus stieg wieder aus, öffnete die schwere Eisentür, und weiter, immer weiter fuhren wir in den Berg hinein. Ein kalter Luftzug fuhr über meinen Nacken. Dann plötzlich eine Kurve, und ganz weit hinten sah ich Licht. Licht! Noch zwei Kilometer, sie kamen mir wie eine Ewigkeit vor. Die letzten Meter, ich drückte aufs Gas – und dann gleissendes Licht und gleich darauf ein überwältigendes Panorama!

Eine ganz andere Welt tat sich vor meinen Augen auf: Wir befanden uns inmitten eines Steinbruches auf 1000 Meter Höhe am Fusse des Chasserals. Gewaltig, eindrücklich, einfach unbeschreiblich. Und absolut unsichtbar für Aussenstehende, abgeschottet von der übrigen Welt. Langsam und staunend fuhr ich mit dem grossen 4x4 über Stock und Stein. Ich gab mir grösste Mühe, ganz vorsichtig zu fahren – und dann: «krrrrr, bum!» Der Offroader sass offenbar auf einem grossen Stein fest. Mir wurde angst und bange: Würde Markus böse werden? Oder käme ein doofer Blondinen-Witz? Und wie teuer würde der Schaden für mich werden?

Konsterniert sah ich ihn an: «Sorry, das war wohl ein Stein», hauchte ich total nervös.

Ich hätte heulen können, versuchte aber, die Haltung zu wahren. Markus stieg aus, stellte sich vor das Auto und gab mir Handzeichen, wie ich lenken sollte. Ein bisschen nach hinten, ein bisschen nach rechts, und der Wagen war frei.

«Prima, Problem behoben.»

Markus stieg wieder ein. Kein böses Wort, keine ordinären Witze. Markus meinte nur, das könne halt in einem Steinbruch passieren. Eine solche Reaktion hatte ich nicht erwartet, denn das Auto ist für viele Männer ja eine heilige Kuh. In meinem Ranking stieg Markus' Aktie nach dem Kater-Schock langsam wieder.

Ich stoppte den Wagen, und wir stiegen aus. Die rote Sohle meiner High Heels schrammte über die Geröllwüste, und ich versuchte, so würdevoll wie möglich über das unwegsame Gelände zu schweben. An einer markierten Stelle erklärt mir Markus:

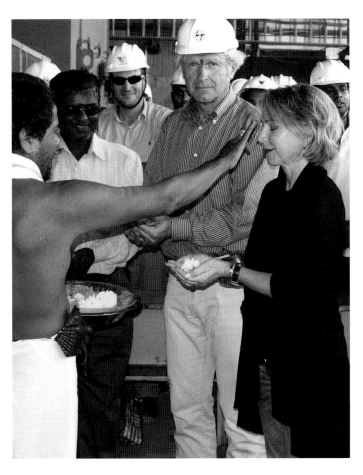

«Hier wird am Montag gesprengt.»

Die explosive Stimmung zwischen uns wurde fühlbar. Behutsam legte er seinen Arm um mich und ich erwartete einen Kuss, ein Kompliment, eine Umarmung oder … Stattdessen begann er mit Lektion Nr. 1: über den Werdegang vom Stein zum Zement. Vielleicht nicht die Lektion, die man sich beim zweiten Date vorstellt, aber aufschlussreich war es schon.

Ich erfuhr durch Markus' prägnante Stimme, wie im Steinbruch Kalkstein und Mergel durch Sprengung gewonnen werden. Dieses Rohmaterial wird durch einen Brecher zerkleinert, das gebrochene Material mit einem Förderband ins Zementwerk transportiert. Dort wird es mit Zusatzstoffen wie Eisenoxid gemischt und feiner vermahlen, dann das Gemisch zum Wärmetauscherturm transportiert. Der wichtigste Prozess, so erfuhr ich, ist das Sieden des Materials bei einer Temperatur von 1450 Grad im 75 Meter langen Drehofen. Der derart gewonnene Klinker ist ein Halbfabrikat, aus dem in der Zementmühle der Zement entsteht.

Oder so ähnlich, denn bei diesem Fachvokabular verstand ich nicht allzu viel. Markus störte das nicht. Unbeeindruckt fuhr er fort, sprach über energieintensive Prozesse, Sinterung, Mahlgrad und Ausblühung. Er war voll in seinem Element, ich spürte seine totale Begeisterung für diese Branche. Ich war verwirrt, beeindruckt, fasziniert. Mit meinem Hang zu Abenteuern war ich voll auf meine Kosten gekommen.

Liebe? Hat sie auch mit dem Beruf des anderen zu tun? Und wird er meinen Beruf ebenso ernsthaft in sich aufnehmen? Es geht hier um mehr als Verbindlichkeit, es geht darum, den anderen in sein Leben hereinzulassen, ihn hereinzubitten, ihm Einblick zu gewähren und ebenso sorgfältig wahrzunehmen, was ihn beschäftigt.

In Indien wurde mir dann überdeutlich, wie sehr der Beruf zum ganzen Menschen gehört. Wer als Europäerin nur halbherzig nach Indien zieht, geht in so einem Land unter. Man kann sich nicht fernhalten von dem, was vor dem Fenster passiert oder mit allen Sinnen täglich auf einen einstürmt. Zudem würde man die unterschiedlichen Gefahren nicht erkennen, die an jeder Ecke lauern.

Interesse ist eine proaktive Haltung. Wer sich nicht aufrafft, Interesse zu leben, muss die Realität passiv erleben und kann sie weniger gut mitgestalten und verstehen. Ängste, Abwehr und Opfererlebnisse sind die Folge. Aktives und echtes Interesse hingegen erkennt und erfragt die Schwierigkeiten im Vorfeld, und so kann man eher steuernd eingreifen.

Mein Fazit:
Frage dich nicht, warum. Frage dich lieber:
Warum eigentlich nicht?

**Was man liebt,
soll man nicht halten.**

Napoleon Bonaparte

Kapitel 4

Loslassen nimmt die Schwere

Der Superstar

Die Welt ist keine Wellnessoase mit Verwöhnprogramm und das Leben ist kein Ponyhof. Ich habe diese Lektion gelernt, und früh wurde Loslassen mein Weg zur Freiheit, Leichtigkeit und Lebensfreude. Es ist in der jeweiligen Situation aber höchst anstrengend, verunsichernd und fordernd. Es braucht Mut, den eigenen Schmerz auszuhalten, sich selbst mit Mitgefühl zu begegnen und danach die Kuschelecke wieder zu verlassen und sich dem Leben und seinen Aufgaben neu zu stellen.

Mein jetziges Leben lässt keinen Platz für alten Ballast. Es würde viel Energie verschlingen, wenn ich in Indien den verpassten Chancen in der Schweiz nachtrauern würde. Die Hitze, die Einsamkeit, die Omnipräsenz von Gewalt, und dann noch Hadern mit meinem Schicksal, das Kreisen negativer Gedanken? Keine gute Idee. Wer sein Leben in die Hand nimmt, kann dies auch an schwierigen Orten mit Hingabe tun. Aber volle Präsenz ist nur möglich, wenn man nicht zurückdenkt an das, was man jetzt nicht hat; nicht zurückdenkt an die Zeit, als man noch jung und faltenlos war. Nein! Es geht darum, sich dem Hier und Jetzt zu stellen.

Mein erstes gravierendes Loslassen hat mich viel gelehrt. Er war ein Frauenschwarm mit schwarzem Haar und stahlblauen Augen, sportlicher Figur und interessantem Beruf. Ich war wahnsinnig stolz darauf, dass er sich für mich entschieden hatte. Pflichtbewusst hielt ich diese Partnerschaft eigentlich viel zu lange aus. Als angehende Psychologin glaubte ich vorleben zu müssen, wie man eine gute Partnerschaft gestaltet. Der Horror kam nicht von diesem Mann selber, aber er sah meine Not nicht. Vielleicht kennen auch Sie das Gefühl der emotionalen Einsamkeit in der Partnerschaft? So war es.

Vordergründig stimmte alles. Er war der «Superstar», aber niemand ahnte, wie ich unter seinen Frauengeschichten litt. Er zog sich immer wieder ins Ferienhaus zurück, und ich hatte erst einen sicheren Beweis zum Ausstieg, als er im Ausland eine junge Frau geschwängert hatte, die er dann heiraten musste. Als ich meiner Mutter heulend am Telefon davon erzählte, sagte sie: «So, jetzt ist genug! Geh da weg. Und zwar subito!»

Ich zog am nächsten Morgen aus mit Koffer und Beautycase und ich habe das Haus nie wieder betreten.

Diese Entscheidung zeigte mir, wie wichtig ein komplettes Loslassen sein kann: eine wirkliche Befreiung. Ich sagte mir damals: «Ich habe gesunde Arme und Beine und einen gesunden Kopf, damit kann ich mich selbst durchbringen.»

Ich durfte erfahren, dass sogar Grosseltern eine enorm wichtige Funktion ausüben können: meine Grossmutter war meine beste Freundin. Sie lebte im Altersheim und sagte zu mir: «Du kannst jederzeit zu mir kommen. Wir rutschen einfach zusammen, und gemeinsam finden wir Lösungen für jedes Problem. Und eines musst du wissen: die Frau fürs Leben ist nicht das Mädchen für alles.»

Sie war ein grossartiger Mensch, ein leuchtendes Vorbild.

Nicht immer muss das Loslassen mit einer Kränkung verbunden sein. Loslassen kann ein langsamer Prozess sein.

Es ist eine uralte Weisheit der Dakota-Indianer, die besagt: «Wenn du entdeckst, dass du ein totes Pferd reitest, steig ab.» Interessant ist, dass es Menschen gibt, die dann sagen: «So haben wir das Pferd immer schon geritten», oder andere weisen den Reiter an, sitzen zu bleiben, bis das Pferd wieder aufsteht, oder meinen, ein weicherer Sattel sei die Lösung des Problems. Wieder andere empfehlen dem Reiter einen Coach oder ein Weiterbildungsseminar, damit er besser reiten lernt. Und ganz clevere Leute versuchen, die Kommunikation zwischen Reiter

und totem Pferd zu verbessern, besorgen sich eine grössere Peitsche, verdoppeln die Futterration für das Pferd oder lassen den Stall renovieren. Weshalb scheuen sich viele Menschen, den Tatsachen ins Auge zu blicken?

Loslassen ist verbunden mit der Sinnfrage. Es kann sinnvoll sein, eine schwierige Situation auszuhalten und nicht davonzurennen, aber auch das Weggehen kann richtig sein.

Wenn ich sage, ich befreie und löse mich von allem, was nicht nützlich, schön oder erfreulich ist, auch von Menschen, die mir nicht guttun, dann sollte ich sorgfältig prüfen, was mir nicht guttut. Unnütze Dinge können schön sein und eine wichtige Funktion für das seelische Wohlbefinden in sich tragen. Nützliche Dinge können mich daran hindern, mich zu entfalten. Schwierige Menschen können genau meine Aufgabe sein und meine Hingabe benötigen. Um zu erkennen, was mir guttut, helfen mir Gespräche mit Menschen, die einen kritischen Blick auf mich werfen. Was mir guttut, kann jahrelang ausserhalb meines Gesichtskreises liegen, bloss weil ich auf irgendeine Idee fixiert bin, wie mein Leben aussehen müsste. Diese Einstellung kann mir den Blick für die Schönheit des Augenblicks komplett verstellen. Aber auch solche Fixierungen kann man loslassen, und das übe ich täglich in Indien. Es gibt mir nicht nur innere Gelassenheit, sondern auch Motivation für den nicht immer leichten Alltag hier.

Die Trotzmacht des Geistes

Wer seine Gewohnheiten loslassen kann, ist erst richtig überlebensfähig. Ich denke an Charles Darwin und seine Erkenntnis vom «Survival of the fittest». Wer sich am besten anpassen kann, überlebt. Dabei geht es nicht um ein Anpassen im Sinne des Aufgebens einer eigenen Meinung, sondern darum, nicht von Stress, Sorgen und Angst zerfressen zu werden, selbst wenn die Umstände beste Voraussetzungen dafür bieten. «Ich lasse mich nicht zwingen, nicht von den anderen und nicht von der Situation.» Ich versuche, dem Moment einen Sinn zu verleihen und die «Trotzmacht des Geistes» anzuwenden.

Viktor E. Frankl[1], der im Zweiten Weltkrieg mehrere Konzentrationslager überlebt hat, weiss, wovon er spricht. Wenn Menschen die Gaskammer oder die Folter vor sich haben, wie sollen sie den Sinn erkennen? Frankl ist radikal, er geht davon aus, dass der Mensch sich niemals aufgeben soll. Er hat immer eine Aufgabe, es gibt immer einen Sinn, den man einer auch ausweglosen Situation entlocken kann. Und sei es, zuzuhören, wenn man ans Bett gefesselt auf der Krankenstation liegt. Meine Trotzmacht ist nicht eine Form des Widerstandes, sondern mein ureigener Weg, den ich verfolge. Ich gebe mich nicht auf, sondern gehe gestärkt aus der Krise hervor, wenn ich meine Gewohnheiten und Altlasten infrage stellen und im passenden «Lebensordner» ablegen kann. Damit bezieht sich Loslassen auch auf die Gedanken. Ich muss meine Vorstellungen und Gedanken loslassen können, die mich einengen oder fixieren. Es gibt Gedanken, die mir nicht guttun, die mich herunterziehen, die mich blockieren. Ich weiss, dass Gedanken sehr oft zu einer «selbsterfüllenden Prophezeiung» werden. Heisst es doch: «Was du heute denkst, wirst du morgen sein.»

[1] Viktor Frankl, 1905–1997, österreichischer Psychiater und Neurologe, Begründer der Logotherapie und Existenzanalyse

Da gibt es Menschen, die meinen, schon frühmorgens zu wissen, dass es ein schlechter Tag werden wird. Sie fokussieren sich den ganzen Tag auf die kleinen und grösseren Ärgernisse und suchen das Haar in der Suppe. Wer sucht, der findet. Und siehe da: Am Abend klopfen sie sich auf die Schulter und sagen: «Hab ich doch recht gehabt. Ich wusste es: ein schlechter Tag.» Diese Menschen frönen der Opferrolle, zerfliessen gern in Selbstmitleid und ziehen ihre Mitmenschen durch das Jammern und Klagen hinunter. Solche negativen Menschen sind wie Vampire: sie rauben den Mitmenschen die Energie, verbreiten allseits schlechte Stimmung und mutieren zu toxischen Mitmenschen. Doch da gibt es auch jene Menschen, die ihre Gedanken zügeln, die ihre Gedanken im Zaum halten und selbst entscheiden, welche Gedanken sie zu Ende denken wollen. Diese Leute freuen sich schon frühmorgens, dass sie aufstehen können, denn es gibt Menschen, die können das nicht. Die positiven Menschen freuen sich sogar, dass sie Steuern bezahlen können, weil das bedeutet, dass sie Arbeit haben. Sie freuen sich über die etwas zu eng sitzende Hose, weil das bedeutet, dass sie genug zu Essen haben. Diese Menschen freuen sich über das Chaos in Küche und Wohnzimmer nach einer Feier, denn dies bedeutet, dass sie mit lieben Menschen umgeben waren. Sie freuen sich über den Rasen, der gemäht werden will und die Fenster, die geputzt werden sollen, weil das bedeutet, dass sie ein Zuhause haben. Positive Menschen sind gar dankbar für die laut geäusserten Beschwerden über die Regierung, weil das bedeutet, dass sie in einem freien Land leben und Meinungsäusserungsfreiheit geniessen können. Sie sind dankbar für die Parklücke ganz hinten, weil das bedeutet, dass die sich ein Auto leisten können, und sie sind dankbar für die Wäsche und den Bügelberg, weil das bedeutet, dass sie genug Kleider haben. Sie sind sogar dankbar für die Muskelschmerzen am Ende eines Tages, weil das bedeutet, dass sie fähig sind, hart zu arbeiten. Und sie sind dankbar für das Klingeln des Weckers frühmorgens, weil das bedeutet, dass ihnen ein neuer Tag geschenkt wird. Wäre es an der Zeit, seine Gedanken zu prüfen? Wäre es an der Zeit, Gedanken loszulassen, die mir nicht guttun?

Loslassen heisst auch, gewisse Geschichten und Geschehnisse abzuhaken und keine Energien mehr in ein gestorbenes Projekt oder eine beendete Beziehung zu stecken.

Das Thema des Loslassens beschäftigt oft auch meine Klienten. Da müssen Eltern ihre erwachsenen Kinder ziehen lassen, Paare, die sich trennen, müssen einander ziehen lassen, Träume, die nicht mehr realisierbar erscheinen, müssen losgelassen werden.

Wie sagt man so schön: «Wer loslässt, hat die Hände frei.» Loslassen bedeutet auch, sich befreien von unguten Gedanken über andere Menschen. Wenn erwachsene Kinder darauf verzichten würden, über ihre Eltern zu richten, und die Eltern es unterlassen würden, das Verhalten ihrer erwachsenen Kinder ergründen zu wollen, hätten beide freie Bahn, ihr Leben zu leben. Loslassen scheint schwierig zu sein. Es hat mit Verzicht zu tun.

Das Loslassen zu akzeptieren ist ein Abstandnehmen von der Verletzung und der Opferhaltung. «Ich bin verlassen worden.» So hört man es nicht nur bei Partnerschaften, sondern auch in Familien. Es gibt umgekehrt genug Kinder, die von den Eltern verlassen worden sind. Als unbequeme Jugendliche wurden sie lästig und die Eltern wollten sich nicht mehr für ihre Kinder engagieren. Die Kinder fühlen sich dann oft ein Leben lang verstossen. Obwohl dies nicht der Fehler der Kinder ist, sind diese Kinder dann gefordert, ihr Leben nicht von diesem Gefühl abhängig zu machen.

Gefühle kann man bewältigen und trotzdem eine andere Sicht aufs Leben finden. Dasselbe gilt für die Eltern, die notgedrungen loslassen müssen, weil sich Kinder ab-

wenden. Loslassen kann jedoch auch liebevoll geschehen. Dann kann auch das Wunder einer Annäherung
eher wieder stattfinden. Für mich gilt: «Man kann nur
im Guten Abschied nehmen.»

Der Philosoph Sören Kierkegaard hat sich mit der Erfahrung des Scheiterns moralischer Selbstbestimmung
befasst und die Bedeutung des «Einander-Verzeihens»
beleuchtet. Er gelangte zu dem Schluss, dass es am
schwierigsten ist zu verzeihen, wenn der «Gegner» keine
Reue zeigt und/oder mit seinem kränkenden Verhalten
fortfährt. Dann muss der Verzeihungsbereite mit sich
selbst klären, ob er sich in den Strudel von Lieblosigkeit
und Lieblosigkeitserwiderung hineinziehen lässt. Oder
ob er aus diesem Kreis aussteigt. Das ist kein Ringen mit
dem Feind, sondern ein Ringen mit sich selbst.

Was bedeutet das? Man könnte das Gute, das auch
im «Gegner» ist, anerkennen. Das heisst: Sogar der
schlimmste Mitmensch hat noch eine gute Seite. Es lohnt
sich, diese positive Seite des «Gegners» zu entdecken. Ist
das nicht eine grossartige Chance, so über sich selbst,
über seine eigene Beschränktheit, hinauszuwachsen?

Verzeihen setzt kein Vergessen voraus. Sehr wohl aber
könnte die Gnade des Vergessens die Gunst des Verzei-
hens voraussetzen.

Mein Fazit:

Es gibt keinen Anspruch auf Glück im Leben. Den
eigenen Weg zu finden, der mir neue Talente entlockt
und neue Verhaltensweisen abverlangt, das hält fit
und sichert das Überleben in Krisensituationen.

**Es gibt kein Wunder für den,
der sich nicht wundern kann.**

Marie von Ebner-Eschenbach

Kapitel 5

Die Aufgaben des heutigen Tages erkennen

Madämmele

Der Sinn des Augenblicks erschliesst sich über die Sinne. Wenn ich nichts wahrnehme, kann ich auch nicht merken, wo mein Beitrag erwünscht und gefordert ist. Ich staune immer wieder, wie viele Menschen das Naheliegende nicht sehen. Sie sind zu sehr beschäftigt mit sich und ihren Problemen. Ihre Herzen sind voller Leid oder Neid oder Ehrgeiz, die Wahrheit kommt nur gefiltert durch. Und damit ist der Blick auf das Gute verstellt.

Es ist nicht tragisch, einmal die Wände um sich herum hochzuziehen und sich abzuschotten. Das kann heilsam sein und Stille und Konzentration ermöglichen. Aber abtauchen, um dann der Umgebung den Vorwurf zu machen, «ihr lasst mich im Elend versinken», das ist nicht die feine Art. Es ist unsauber, sein Elend auf die Umgebung auszuweiten. Wünschenswert wäre es, eigene Grenzen zu akzeptieren und Hilfe anzunehmen.

Wie gehe ich mit den Herausforderungen des Lebens um, ohne meine Wahrnehmung einzugrenzen?

Ich schaue jeden Moment genau hin, was jetzt Priorität hat und was niemand anders tun kann als ich. Als mein Ehemann verkündete, er werde nach Indien versetzt, war das ein veritabler Schock für mich. Innerhalb von sechs Wochen musste ich mich für Indien vorbereiten, dabei hatte ich doch gerade meine eigene Firma so schön zum Laufen gebracht. So hatte ich mir mein Leben nicht vorgestellt.

Umgehend habe ich mit meiner Freundin Regula telefoniert:

«Hei, cool», ruft sie gleich, «dann komme ich dich besuchen! Und du musst das Madämmele dort unten lernen.»

«Madämmele?»

«Ja sicher, die Frauenrolle des einflussreichen Firmenchefs übernehmen: Hausangestellte, Fahrer, Einladungen, Golf spielen, Ayurveda-Massagen geniessen. Das musst du lernen, damit du den Erwartungen gerecht wirst! Von der aktiven Frau zu einer duldsamen Ehefrau, welche die vornehme Rolle hat, zu repräsentieren. Dieser Gap ist eine enorme Herausforderung. Aber an Herausforderungen wachsen wir.»

Ferien hätte ich mir schon vorstellen können. Ferien mit klarem Anfang und klarem Ende. Diese Zeit könnte man verwenden für die Besichtigung irgendwelcher Maharadscha-Paläste, das Bewundern der herrlich farbigen Saris, das Kosten intensiver Gewürze, das Geniessen der palmengesäumten indischen Sandstrände, des würzigen Essens. Aber dort wohnen? Das wäre indischer Alltag, nicht am Strand, sondern irgendwo in der Pampa, wo die Fabriken gebaut werden. Oder wohnen in einer überbevölkerten, schmutzigen und lauten Millionenstadt, in der das Headoffice steht.

Und was alles toppte: Markus musste schon nächste Woche fliegen. Monatelang würde ich mein schönes Zuhause nicht geniessen können. Was verlangte der Moment von mir? Keine Frage: Mein Mann ist mir wichtig. Und es wird Wege geben, wie sich diese Situation meistern lässt.

An einem der allerersten Abende in Indien erkundigte sich Markus, was Inder so machen, wenn sie ihre Frauen ausführen möchten. Kino und Shopping bekam er zur Antwort. Also liessen wir uns zu einem grossen Shoppingcenter mit integrierten Kinos fahren. Unterwegs begegnet uns ein pulsierendes Hyderabad. Unglaublich viele Leute überall, Rikscha-Taxis, Handkarren, laute Motorräder, klapprige Fahrräder und jede Menge Autos: verbeulte Kleinwagen, opulente Bentleys, blitzende Porsches und röhrende Maseratis. Ohrenbetäubende Hupkonzerte in allen Tonlagen. Moderne Büro- und Wohngebäude werden hochgezogen neben Blechhütten und Zelten. Und es gibt hunderte Strassenhunde. Würde ein Schweizer Hund so wohnen müssen, stünde der Tierschutzverein auf der Matte! Kühe, die inmitten der stark befahrenen Strassen in stoischer Gelassenheit wiederkäuen, daneben Schweine, Ziegen und andere Vierbeiner.

Kaum steht die Ampel auf Rot, kleben an unseren Fensterscheiben Kleinkinder mit noch kleineren Kindern auf dem Arm und betteln. Markus gibt einem kleinen Buben eine 100-Rupien-Note. Das sind umgerechnet etwa einen Franken fünfzig. Für uns wenig, für ihn viel. Ein erwachsener Bauarbeiter verdient pro Tag so viel. Ein hübsches Mädchen mit verfilzten Haaren klopft ans Fenster, ein anderes, ein viertes, fünftes, eine ganze Schar! Der Unterschied zwischen Arm und Reich ist krass. Und die armen Leute haben einfach das Pech gehabt, in die falsche Familie hineingeboren worden zu sein! Aber hungern muss vermutlich keiner. Frisches Gemüse und Früchte sind für fast alle zugänglich.

Dann kommen wir zum Shoppingcenter. Nach dem Studieren der Kinoprogramme stellen wir fest, dass alle Filme in Hindi oder im Lokal-Dialekt Telugu gezeigt werden. Kein einziger englischsprachiger Streifen. Also lässt sich Markus zur Programmänderung überreden. Shoppen ist zwar nicht gerade seine Lieblingsbeschäftigung – ganz und gar nicht! Er zieht sportliche Aktivitäten vor. Also shoppen wir sportlich. Speedshopping nennt sich das!

Beim Eingang des Shoppingcenters wird man wie überall abgecheckt, gescannt und die Taschen durchleuchtet, damit keiner eine Bombe oder Messer in das Shoppingcenter hineinbringen kann. Im Innern des Shoppingcenters bin ich angenehm überrascht: recht gute Geschäfte. Beim genaueren Hinschauen entpuppt sich jedoch nur das Schaufenster als nett dekoriert. Der Kleiderstil vieler Auslagen ist völlig veraltet, oder um es netter auszudrücken, von der Vor-Vor-Saison. T-Shirts, Saris und Jeans kann man kaufen. Und Schuhe. Zielstrebig steuere ich auf ein Schuhgeschäft zu. Doch schon beim Eintreten überfällt mich die Desillusion: fast ausschliesslich Flipflops und Sandalen, eben «Indian-style». Viel Blingbling, Glitzer und aufgeklebte farbige Steinchen, kein einziges Paar mit Absätzen. Nix für mich.

Im Delikatessengeschäft erstehen wir zwei Dosen Cola, eine Büchse Wasabi-Nüsse und eine Büchse Salznüsse. Dort kann man weitere «Delikatessen» wie Waschpulver, Bügeleisen und Zementsäcke kaufen. Unser sportliches Shopping ist von sehr kurzer Dauer.

Welchen Sinn hat mein Aufenthalt in Indien? Zunächst einmal, meinen Ehemann tatkräftig zu unterstützen. Oh, ich weiss, was meine Schweizer Kolleginnen jetzt von mir denken: «Bist du noch bei Trost, Esther? Zuerst machst du den Doktor und baust dir eine tolle Karriere auf, bist super erfolgreich, und dann schmeisst du alles hin wegen eines Mannes? Ist der das wert? Und was kannst du in Indien arbeiten? Deine ganze Karriere geht flöten. Du bist doch emanzipiert und du lässt das zu? Du mutierst zum Hausmütterchen, zur hübschen Deko, zum Appendix. Pass ja auf! Nur allzu schnell verpasst Frau den Anschluss! Und dann bist du abhängig von einem Typen – nicht vorstellbar!»

Anpacken und geniessen

Dass ich wegen Markus nach Indien gehe, das ist für mich klar. Wegen ihm und mit ihm. Meine Heirat war eine klare Entscheidung für ein Leben an seiner Seite, egal wo und wie. Da bin ich konsequent und stelle nicht immer und immer wieder alles in Frage. Ich bin fest entschlossen, meine Grundsätze auch in schwierigem Umfeld zu testen. Ich geniesse die fremde Welt, das scharfe Essen, die vielen Sinneseindrücke. Aber was will ich eigentlich anpacken?

Gleich neben unserem Hotel-Appartement leben die Menschen in Armut. So schrieb ich eine E-Mail an Regula:

«Wir haben neue Nachbarn bekommen: eine sechsköpfige Familie mit Kleinkindern. Sie wohnt in einem Zelt, das aus blauen Plastikplanen besteht, die offenbar von Baustellen stammen. Die Unterkunft wird von Seilen zusammengehalten und mit Backsteinen beschwert, alles gleich neben unserem Hotel. Die Kinder spielen mit Plastikflaschen, mit Steinen und mit kaputten Autoreifen, die anschliessend vom Schuhmacher beschlagnahmt werden. Denn aus den Reifen, die bereits unzählige Male geflickt wurden, werden zuletzt noch Schuhsohlen hergestellt.»

Die Erwachsenen waschen sich derweilen kurz am öffentlichen Grosswaschbecken nebenan. Einmal pro Woche fährt ein Lastwagen vor und füllt dieses Becken mit frischem Wasser auf. Es dient ausserdem als Trinkwasserbecken, zum Kochen und Wäsche waschen, zum Tränken der Kühe und zum Motorrad reinigen. Wer weiss schon, dass sich Inder zur Körperpflege nicht ausziehen? Die Menschen seifen sich erst einmal so tüchtig ein, dass sie aussehen, als hätten sie den ganzen Körper mit Rasierschaum eingesprüht. Die Männer tragen derweilen ihren Lungi, ein um die Hüfte gewickeltes Baumwolltuch, die Damen ihren Sari und spritzen Wasser darüber und darunter. Bedenkt man, wie eng die Leute hier auf kleinstem Raum zusammenwohnen, schlafen, beten, streiten, kochen, waschen, essen, fernsehen, dann ist die Vorstellung gar nicht mehr so absurd, dass sie sich nie ausziehen. Aber man bedenke die Gerüche.

Ich sehe so viel, wo man anpacken müsste, dass ich nicht weiss, was es zuerst zu tun gibt. Ich habe die Idee, ein Hundeheim für all die Streuner zu eröffnen. Die Vierbeiner müssen eingesammelt, kastriert und geimpft werden. Oder soll ich die Ambulanz unterstützen, damit sie auch die Menschen ins Spital bringt, die keine Versicherung haben? Da sterben Leute auf der Strasse, und der Verkehr geht weiter wie gewohnt, die Leute steigen darüber hinweg.

Aber ich spreche ihre Sprache nicht und engagiere daher zuerst einen Hindilehrer. Ihm verdanke ich den Hinweis auf ein Waisenhaus im Slumviertel, das dringend Hilfe braucht: das «Care & Love».

Viktor Frankl setzt die Liebe ganz oben an; eine Liebe, die sich engagiert und die ertragen kann, die anpackt. Nun kommt es darauf an, welches Menschenbild und welcher Geist die Idee von Liebe bestimmt. Es gibt ja auch Selbstliebe und die Liebe zur Macht, die meint er nicht. Für ihn ist das Hauptproblem unserer Gesellschaft der Sinnverlust. Früher musste man um die Existenz kämpfen, das gab dem Leben Sinn. Wofür kämpft man heute? Für mehr Freizeit? Freie Zeit wofür? Für mehr Lustgewinn? Macht Lustgewinn Sinn? Lustgewinn führt noch nicht mal zur Zufriedenheit und schon gar nicht zu einem erfüllten Dasein. Aber genau das will ich: erfüllt leben! Zeit genug habe ich, und die mag ich nicht mit hohlen TV-Sendungen verschwenden. Ich möchte nicht ausweichen vor dem, was mir hier vor die Füsse gelegt ist.

In einer Umgebung, in der Elend überall auf mich einstürmt, heisst das aber auch, mich für das eine und damit gegen das andere zu entscheiden. Was damit verbunden ist, dass ich zusehen muss, wenn jemand auf der Strasse stirbt. Ich muss lernen, nicht auf das zu schauen, was mir verwehrt ist, sondern die Möglichkeiten nutzen, die mir gegeben sind. Ich versuche mich auf das zu konzentrieren, was da ist.

Dann fragt ein international tätiger Pharmariese mit Büro in Hyderabad an, ob ich im Bereich Personalentwicklung bei ihm tätig sein möchte. Klar will ich! Voller Elan und Freude stelle ich mich der neuen Herausforderung und bin sicher, dass ich mit meiner langjährigen Erfahrung auf diesem Gebiet auch den indischen Leuten etwas bieten kann – bis die indischen Zement-Direktoren meinem Mann erklären, dass es unklug sei, wenn seine Frau für Geld arbeitet. Das würde auf den Konzern ein schiefes Bild werfen, und die Leute hätten dann das Gefühl, dass die Firma selbst nicht genug Geld zur Verfügung hat.

Schnell ist klar, dass es nur ehrenamtliche Tätigkeiten für mich gibt. Bei meinem hochprozentigen und bisher äusserst ausgefüllten Leben muss das erst mal verdaut werden.

Ein schwerer Schritt, denn jetzt beginnen die Tage lang zu werden. Dazu kommt die Hitze, der Gestank von den Feuerstellen, auf denen Kuhfladen verbrannt werden. Schon wieder eine Idee, einen Traum loslassen? Mein Gott, wo bin ich hier gelandet?

Markus bittet mich, ihn auf den Geschäftsreisen zu begleiten. Was soll ich dort? Irgendwo in einer Baracke auf ihn warten? Ja, genau so ist es.

Erste Geschäftsreise nach Chennai

«Welcome Mrs Markus!»

Ein mir unbekannter Mann Anfang vierzig, Seehundschnauzer, klein, dunkel, Kugelaugen, sympathisch, streckt seine Hand zur Begrüssung aus. Es ist Mister Ravinder.

«We are so glad, so glad to see you. Welcome, welcome!»

Er ergreift meine Hand, umklammert sie so innig wie ein Säugling den Daumen seiner Mutter, zerrt mich durch die wartende Menschenmenge am Airport und führt mich zu einem Geschäftsauto. Die Aufschrift «Bharathi

Cement 3 times better» lässt mich Hoffnung schöpfen, dass Mister Ravinder mich ins Büro zu Markus bringt. Wir sollen heute Abend gemeinsam ein «Dealers Meeting» besuchen. Durch das Verkehrschaos lenkt der Fahrer routiniert hindurch, trotzdem dauert die abenteuerliche Fahrt satte drei Stunden. Dafür fährt mich Mister Ravinder auch nicht zu Markus ins Büro, sondern zu einem Hotel. Mir wird ganz anders, die wildesten Gedanken düsen mir durch den Kopf: Vergewaltigung, gierige Blicke junger testosterongesteuerter Inder. Incredible India macht alles möglich, auch dass jemand den Firmenwagen für eine Entführung benutzt.

Als Juwel, wie es der Name Jade Garden suggeriert, kann man das Hotel nicht bezeichnen. Dafür ist die zigarettenschachtelgrosse Kakerlake, die sich beim Betreten des Zimmers über den Boden wälzt, nun doch zu gross. Mir entfährt ein kräftiger Schrei. Hört den überhaupt jemand bei diesem Lärm?

Ich will die weit geöffneten Fenster schliessen, damit ich mich in normaler Lautstärke mit Mister Ravinder und dem Hotelpagen unterhalten kann. Das Knattern, Donnern, Hupen und Brummen der Strasse tönt wie eine Kombination aus Bürgerkrieg und Guggenmusik[1]. Mister Ravinder hat nicht zu viel versprochen: Das Hotel liegt wirklich sehr zentral und verkehrsgünstig.

Später erfahre ich, dass Mister Ravinder bereits einige Tage zuvor schon angereist war, um ein geeignetes Hotel für Markus und mich auszusuchen und alle weiteren notwendigen Vorkehrungen für unseren Aufenthalt organisierte. Es ist nicht das letzte Mal, dass ich mich ein wenig schäme: Hier die anspruchsvollen Wohlstands-

---

[1] etwas schräg, dafür umso lauter gespielte Blasmusik zum Fasnachtsumzug

kinder aus dem Westen mit einem Hang zum Nasen-
rümpfen, dort indische Leute, die sich alle Beine ausreis-
sen, um Markus und mir zu bieten, was sie für das Beste
vom Besten halten.

Mister Ravinder verabschiedet sich und erklärt mir,
dass Mister Markus auch hier eintreffen wird. Das
«Dealers Meeting» finde hier im Hotel statt. Dealers
Meeting? Was erwartet mich denn da? Ich lege mich
mitsamt Jeans und T-Shirt auf das schmuddelige Bett
und versuche, den strengen Geruch des Kopfkissens zu
ignorieren. Ich sortiere meine Gedanken: eine Flugstun-

de von Hyderabad entfernt, in einer fremden Stadt, in einem indischen Hotel, allein, Dealer sollen kommen. Ja, womit dealen die denn?

Irgendwann werde ich von einem unangenehmen Ton geweckt. Feueralarm? Nein, das Telefon neben meinem Kopf. Mit Lichtgeschwindigkeit hebe ich den Hörer ab.

«Mrs Markus?»

Eine nette Frauenstimme erklärt mir, dass Mister Ravinder uns in 30 Minuten in der Lobby erwartet. Mister Markus sei eingetroffen und würde demnächst an meine Zimmertür klopfen.

Tock tock tock.

«Markus? Bist du es?»

Tock tock tock.

«Markus, sag doch was! Bist du es?»

«Ja, bitte mach auf, ich hab keinen Schlüssel.»

Was für eine Erlösung, diese tiefe, vertraute Stimme zu hören! Markus trägt ein Paket unter seinem Arm. Ein Geschenk für mich? Wie aufmerksam! Schliesslich habe ich tausend Gefahren durchgestanden, um ihn heute Abend zu begleiten.

«Leider nein, nicht für dich. Es sind die Kleider, die ich heute Abend anziehen muss.»

Bitte, was? Gibt es hier Kleidervorschriften?

«Zeig mal her!»

Aus dem zerknautschten Geschenkpapier zieht er eine weisse Hose und eine weisse Tunika heraus. Zu meinem Schrecken auch noch ein gelbbeiges Gilet[1]. Die Hose ist für indische Herren der Mittelschicht geschneidert, der Bauchumfang könnte locker zwei Meter betragen. Das Teil hat einen Tunnelzug. Ich schnüre diese Haremshose

---

[1] Weste

meinem Mann um und kann den Lachanfall nicht unterdrücken. In der Kniekehle fällt der Stoff so flockig, als wäre eine volle Pampers eingearbeitet worden. Die unteren Hosenbeine sind so eng geschnitten, dass die strammen Waden meines Mannes kaum Platz finden. Die Naht platzt, und ein mehrere Zentimeter langer Riss entsteht.

Jetzt bin ich im Stress: Ich bin selbst noch nicht gestylt und weiss nicht einmal, ob ich passende Klamotten dabei habe. Die Hose von Markus ist hin, eine Nähmaschine nicht in Reichweite. Und in 30 Minuten müssen wir frisch und munter vor 500 Dealers stehen.

«No problem, Sir», meint der Hotelangestellte und nimmt die kaputte Hose mit. Nun steht mein wunderbarer Mann in indischer Kluft vor mir – ohne Hose. Er setzt sich erst einmal vor den Fernseher. Cricket auf dem ersten Sender, Cricket auf dem zweiten Sender, Cricket … Inder sind verrückt nach diesem Spiel. Es ist ein Relikt aus englischer Kolonialzeit.

Tock tock tock.

«Hello Sir, no problem, Sir, your pants, Sir.»

Der Hotelangestellte liefert die geflickte Hose. Nicht zu glauben: In so kurzer Zeit haben die das Malheur geflickt. Und wie: Der Riss wurde satt unterlegt mit dickem Baumwollstoff und richtig deftig verwiefelt. Inder können alles – irgendwie eben.

Nach schweizerischer Art erscheinen wir pünktlich und mehr oder weniger gestylt an der Rezeption. Meine Augen wandern durch die Hotelhalle. Ich kann Mister Ravinder nicht gleich erkennen und lächle den Falschen an. Fehler! Eine Frau in Indien darf nur den eigenen

Mann anlächeln. Wie peinlich. Plötzlich steht Mister Ravinder direkt neben uns, grinsend, eine Hand lässig in der Hosentasche. Er begleitet uns zum Ballroom.

Einmarsch von Mister Markus und Mrs Markus – ich habe in Indien keinen eigenen Namen. Fanfaren in ohrenbetäubender Lautstärke, farbige Lichtblitze illuminieren den Saal. Markus und ich schreiten durch den Mittelgang, Mister Ravinder bahnt uns den Weg wie ein Schneepflug durch die Menschen in Richtung Bühne. Der rote Teppich hat unzählige Wülste, mit meinen 12-cm-High-Heels ist es nicht einfach, würdevoll diesen Korridor abzuschreiten. Fest hake ich mich bei Markus unter, presse meine Pobacken zusammen, erhebe das Haupt und lächle, lächle, lächle! Unser Einmarsch wird auf der Grossleinwand gezeigt. Lächeln! Ich fühle mich wie Queen Elizabeth bei ihrer Krönung. Allerdings trug die Queen keine High Heels.

Gemessenen Schrittes erreichen wir die Bühne. Oh nein, auf dieser wackeligen Holztreppe soll ich die Bühne besteigen? Kurz vor der Bühne schwenkt Mister Ravinder nach links und weist uns sehr breite, sehr tiefe, sehr rote, sehr würdevolle Sessel zu. Ich setze mich in Erwartung samtweicher Polster – und spüre, wie sich die Drahtfedern in meinen Hintern bohren. Lächeln, lächeln! Ich sehe mich auf der Grossleinwand. Lächeln und die Backenzähne zusammenbeissen! Lächeln. Der Fauteuil ist gut einen Meter breit, genug Platz, um mir eine erträgliche Sitzposition ohne Drahtfedern zu suchen.

Wir verschwinden von der Grossleinwand, und ein Videofilm vom Bharathi-Zementwerk wird eingespielt. Eine sehr schöne junge Inderin im bunten Sari, herrlich geschmückt mit Gold und Brillanten, das pechschwarze Haar in sanften Locken über ihre Schulter fallend, betritt die Bühne.

«Hello everybody, are you ready?», schreit sie ins Mikrofon und strahlt. Ihre weissen Zähne blitzen.

«Yes, yes!», brüllen alle 500 Männer im Saal. Die Dame ist eine bekannte TV-Grösse im Telugu-Channel. Flockig-locker spricht sie im Lokaldialekt zu den Dealers, und immer und immer wieder grölen die Männer. Es sind allesamt Zementverkäufer. Ihre Geschäfte sind kleinere Garagen oder grössere Lagerräume, wo die Häusle-Bauer ihre Zementsäcke beziehen können. Die TV-Lady erzählt offenbar witzige Geschichten, munter wird geklatscht und gelacht. Markus und ich sitzen in unseren breiten Sesseln und lächeln. Wir verstehen kein einziges Wort.

Plötzlich Totenstille. Jetzt wird's ernst, ein indisches Tempellied ertönt. Eine grosse Öllampe aus Metall mit acht Dochten wird auf der Bühne platziert. Markus wird aufgerufen, die Bühne zu betreten. Mister Anoop, der engste Mitarbeiter von Markus, wird ebenfalls auf die Bühne gebeten, bald steht das ganze Direktionsteam um die Öllampe herum. Sieben Personen, acht Dochte, da fehlt doch noch…

«And please, Mrs Markus, come, come!», ruft die hübsche TV-Lady ins Mikro.

Wie soll ich bloss die Bühne unfallfrei erreichen, denke ich.

Ich stehe auf, lächle – und mein Lächeln wird wieder auf die Grossleinwand übertragen. Tapfer schreite ich auf meinen Pumps zur wackeligen Holztreppe. Einen verzweifelten Blick schicke ich meinem Mann zu in der Hoffung, dass er meine Not sieht. Und er sieht sie! Mit drei Riesenschritten kommt Markus auf mich zu, ergreift meine rechte Hand und zieht mich mit einem sanftem Ruck gekonnt auf die Bühne. Lächeln!

Auf der Bühne zündet jeder einen Docht der Öllampe an. Eine Puija, eine Art «Gottesdienst», um diesen Event den diversen Gottheiten zu widmen. Sehr feierlich, sehr berührend. Blumenketten werden uns um den Hals gelegt, es fühlt sich alles sehr unwirklich an.

Ein infernalischer Lärm beendet unsanft die Zeremonie. Der Hauptteil der Veranstaltung ist eröffnet. Ohrenbetäubend laute indische Musik ertönt, Schlag auf Schlag folgen Tanzeinlagen und diverse künstlerische Darbietungen. Es wird jongliert, rasende Choreografien in kunterbunten, glitzernden Kostümen werden abgelöst von typischen Bollywood-Tänzen, die Körper winden sich in wilden Arm-, Hand- und Kopfbewegungen, die eben noch extrem laute Musik wird unerträglich. Künstler wirbeln durch die Luft, und laut wird applaudiert.

Ich öffne mein schickes Täschchen und grabe nach den Ohrstöpseln, die ich im Flugzeug bekommen habe. Nicht elegant, aber besser als ein Gehörsturz. Ich versuche, mit den Haaren das Gröbste zu verdecken. Und da erscheint auch schon wieder mein Konterfei auf der Grossleinwand. Ich spüre den Luftzug des Kamerabügels über meinen Kopf hinwegfegen. Ich hoffe, dass der Kameralenker weiss, was er tut, und mich mit diesem Ding nicht erschlägt. Markus ruft nach Mister Ravinder und gibt ihm die Order, den feurigen Kameramann zu bremsen. Wow, wie die Inder meinem Mann aufs

Wort gehorchen! Hoffentlich gewöhnt er sich nicht zu sehr daran!

Der Lärm ebbt ab. Unzählige Platten, Schalen und Teller werden nun aufgetischt. Buffet. Reis mit Gemüse, Reis mit Curry, Reis mit Huhn, Reis mit Lamm, Reis mit Gewürzen, das «very famous Hyderabad-Biriani», Fladenbrote, frittierter Blumenkohl, frittierter Broccoli, Kokospaste, Idlis, Raita, indisches Fischragout, Linsen, Chutneys, Kichererbsen-Dal, grünes Kartoffelcurry mit Erbsen, Malai Kofta – alles ist vorhanden im Übermass.

Das scheint allerdings vonnöten, denn die Dealers schöpfen Unmengen auf ihre Teller und essen genüsslich mit den Händen. Für mich ziemlich irritierend an einem so festlichen Anlass. Markus und ich mischen uns anschliessend unter die Gäste, wir plaudern hier und dort. Meistens verstehen uns die Männer nicht so gut. Sie sprechen Telugu oder andere Sprachen wie Malayalam, Tamil oder Kanada.

Indien ist ein Land ohne einheitliche Nationalsprache. Im Alltag werden weit mehr als 100 Sprachen gesprochen, Dialekte nicht eingerechnet. Unsere Dealers, die eine Schule besucht haben, sprechen glücklicherweise meistens ein wenig Englisch. Infolge der langen Geschichte als Kolonie Grossbritanniens sind viele gebildete Inder mit dem Englischen vertraut. Wenn sich dann ein paar Brocken Hindi daruntermischen, bringt das neben Sympathie auch eine gewisse bessere Verständigung.

Dann geht's ans Fotografieren. Fotosession hier, Fotosession da, unzählige Selfies mit Mr und Mrs Markus werden geschossen, Foto mit Dealer Ashraf einzeln, Foto mit Dealer Amar zu zweit, Foto mit Dealer Balu zu dritt, Foto mit Dealer Bhavin zu viert, Foto mit Dealer Balakumaran zu fünft, Foto mit Dealer Bindu zu sechst ... Lächeln, lächeln.

«Mein lieber Markus», frage ich meinen Gatten später im Hotelzimmer, «hättest du mich irgendwie auf diese Szenen vorbereiten können?»

«Äh, nein. Es war alles okay. Du warst super, und der Zweck wurde erfüllt. Die Verkäufer brauchten diese Unterstützung.»

«Dann bestelle mir bitte eine Schüssel für ein Fussbad, meine Füsse schmerzen. Und vielleicht kann man dafür sorgen, dass diese Kakerlake dort verschwindet, denn morgen warte ich in diesem Zimmer vermutlich ein paar Stunden auf dich.»

Promistatus

Mit der Zeit verstehe ich, wie wichtig es ist, dass Markus mit seiner Frau auftritt und wir gemeinsam an indischen Einweihungsfesten, Segnungen oder Events teilnehmen. So wird er als Mensch greifbar, der auch familiäre Pflichten hat. Er gewinnt zusätzlich an Seriosität und Vertrauen. Inder denken ganz anders als wir, die Familie ist die wichtigste Säule der Gesellschaft.

Heute organisiere ich oft ein Programm für die Frauen, während unsere Männer an Meetings teilnehmen. Die Damen schätzen mein Engagement sehr. Ich veranstalte Kochkurse für Schweizer Spezialitäten (und bringe selbstverständlich die Utensilien dafür mit, diese sind nämlich in Indien nicht erhältlich), und im Gegenzug zeigen mir die Ladies, wie ich indisches Essen richtig zubereite. Spielnachmittage im Stil von «Spiel ohne Grenzen» führe ich durch, die indischen Damen dürfen mit meinen High Heels erste Gehversuche im Rahmen einer Modeschau machen, und ich lasse mir Saris anziehen. Wir haben Spass zusammen. Mrs Markus ist ein gern gesehener Gast, der Leben in die Bude bringt.

Die Firma bietet den Mitarbeitern neben dem Lohn und der Unterkunft auch einen Kindergarten, qualifizierte Schulen, ein Spital und andere ärztliche Versorgungsmöglichkeiten, ein grosses Mehrzweckgebäude mit Kino, Gym, Ballroom, Cricket-Feld usw. Für die Mitarbeiter ist die Firma ihr Zuhause. Ich besuche gemeinsam mit den anderen Frauen die Krankenstationen, die Schulklassen, Kindergarten und Dorfbewohner, schüttle Hände, rede dem einen oder anderen gut zu, spiele Volleyball und Geschicklichkeitsspiele, weihe einen Bankomaten ein, eine Dorftoilette und einen Mehrzweckraum. Ich besuche Dorfbewohnerinnen, die einen von der Firma bezahlten Nähkurs belegen, bewundere ihre Handicrafts und umarme nackte, schmutzige Kinder, streichle meckernde Ziegen und witzle mit den Jungs, die mich allesamt fotografieren wollen. Selfie hier, Selfie da. Ein Foto mit einer Europäerin – und dann noch mit Mrs Markus – gilt als schick. Diese Bilder werden gern im ganzen Dorf herumgezeigt. Mit einem solchen Bild ist man wer. Dass ich plötzlich einen Promistatus innehabe, ist doch sehr gewöhnungsbedürftig.

Nie, nie hätte ich das gewählt. Meine Welt ist so gegensätzlich! Ich mag Mode, elegante Taschen und extravagante Schuhe. Und ich liebe Menschen, mit denen ich mich austauschen kann. Ich brauche Familie und Freunde und ich liebe meinen Beruf sehr. Halte ich das durch?

Ich hadere mit meinem Schicksal. So ganz anders hatte ich mir mein Leben vorgestellt. Als nett lächelnde Mrs Markus solche Auftritte zu absolvieren, kann ja eine interessante Erfahrung sein, aber ist das mein Leben? Panik will mich packen. Stopp jetzt! Halte ich das durch? Bitte nicht zweifeln, handeln! Wozu könnte dieses Abenteuer gut sein?

Ich werde das tun, was mir vor die Füsse gelegt ist, und mich fragen, was ich geben kann – nicht, ob ich hier glücklich sein werde. Ums Glück kümmere ich mich nicht. Das kommt, wann es will, und sicher von allein. Wer dem Glück nachjagt, erwischt es nicht, es flutscht einem aus der Hand wie ein Stück Seife. Glück folgt dem Tun, also konzentriere ich mich auf die Aufgaben, die vor mir liegen.

Mein Fazit:

Meist machen uns nicht die Schwierigkeiten des Lebens unglücklich, sondern die Art und Weise, wie wir damit umgehen.

So liegen die Herausforderungen des Lebens darin, die eigenen Grenzen zu überwinden und mutig vorwärts zu gehen. Auch die kleinen Schritte zählen.

Stress ist das, was wir dafür halten.

Esther Oberle

Kapitel 6

Umgang mit Stress und indischer Schwüle

Mit Humor und offenen Sinnen

Mit offenen Sinnen kann ich viele, für mich seltsame Situationen humorvoll aufnehmen. Wie sagt man so schön: «Humor ist der Schwimmgürtel auf dem Strom des Lebens.» Und in der Tat: Ohne Humor geht's in Indien nicht!

Meine Eltern sind zu Besuch, und wir machen eine Reise nach Bengaluru. Wir wollen zum Früchtemarkt. Unser Fahrer versteht kein Wort Englisch, wackelt jedoch heftig mit dem Kopf und setzt ein breites Lächeln auf. Der Motor wird gestartet, das Getriebe knirscht und kracht, und schon rasen wir in beängstigendem Tempo durch das Verkehrschaos von Bengaluru. Unser Fahrer entdeckt mit seiner Motor-Rikscha immer wieder eine Minilücke. Links, rechts und hopp! Ein Schlenker hier, ein Schlenker da, mit Dauerhupen kommen wir zügig voran. Aber wo will die Kundschaft hin? Der Fahrer hat keine Ahnung, er hat nichts verstanden, gar nichts. Der Weg ist sein Ziel. Nun, dann muss er eben fragen, einen Kollegen hier, einen anderen dort. «Fruitmarket, fresh fruits, yes, fruits. To the market!» Die halsbrecherische Fahrt wird fortgesetzt, und tatsächlich landen wir in einer Gegend mit winzigen Gässlein und unendlich vielen Marktständen mit köstlichen Früchten, wunderschönen Blumen und Unmengen von Menschen. Offene Sinne, und das Schwelgen kann beginnen.

Am nächsten Tag greifen wir lieber wieder auf unseren eigenen Fahrer zurück. Der Rausch der Sinne wird fortgesetzt, und zwar mit einem echt indischen Desensibilisierungsprogramm für meine Mutter: Unser Fahrer fährt dem Vordermann ins Heck. Nicht schlimm, nur die

Stossstange ist verbogen. Aber ein willkommener Anlass für ein dramatisches Wortgefecht zwischen den Unfallgegnern und eilends herbeigelaufenen Zaungästen. Wie es sich gehört, schreien die beiden sich an. Meine Mutter bleibt unerwartet ruhig und gelassen:

«Es ist ja nicht mein Auto.»

Glücklicherweise kommt unser Begleitwagen angefahren, und eine Respektperson aus Markus' Büro schlichtet im Nu den Streit. Die Fahrt wird fortgesetzt. Wie die meisten Regeln hier, orientieren sich die Verkehrsregeln weniger am Gesetz als an der Praxis. Erste Regel: Busse und Lastwagen sind stärker und haben daher mehr Macht, ihren Weg durchzusetzen. Sie scheuchen alle anderen Verkehrsteilnehmer mit Dauerhupen beiseite. Sie haben den Vortritt. Zweite Regel: Wenn möglich,

werden Fussgänger auf der Fahrbahn verschont. Wer nicht will, umfährt sie knapp mit einem flinken Schlenker. Dritte Regel: Man hupt immer und überall. Vierte Regel: Geringere Verkehrsdichte ist gefährlicher als eine hohe, bei der alle Verkehrsteilnehmer sich unablässig beäugen, um ein Stückchen schneller als der andere voranzukommen. Aber wehe, wenn Platz vorhanden ist. Dann gilt es, die Kräfte zu messen!

Ich erkläre es meiner Mutter so: Inder glauben an die Wiedergeburt. Wer heute überfahren wird, hat es verdient und bekommt dann als Hund oder Ziege noch einmal eine Chance, auf die Welt zu kommen und die Strasse zu versperren. Wir wundern uns schon nicht mehr darüber, dass frisch gemähtes Getreide auf der Fahrbahn liegt. Viele Bauern benutzen die asphaltierte Strasse als Dreschplatz. Sie lassen den Verkehr über die Halme rollen und sammeln die Körner abends ein. Man muss halt das Beste daraus machen.

Schläge fürs Auto

Ankunft in der Zementfabrik in Kadapa. Das Nachtessen wird nach indischer Manier abgehalten: Um 19 Uhr treffen wir uns im Nachbarhaus. Sechs Herren aus der Crew von Markus sind mit dabei. Es wird geplaudert, von Essen keine Spur. Und es wird geplaudert. Und geplaudert. Mami wird langsam nervös, denkt sie doch an die späte Mahlzeit und die damit verbundene getrübte Nachtruhe infolge Verdauungsschwierigkeiten. Aber auch das ist eben indisch: das Reden, das Zusammenkommen. Das Zwischenmenschliche ist hier wichtig und somit im Zentrum. Erst wenn man genug geredet hat, wird gegessen – mit den Händen. Es wird 21.30 Uhr. Das Buffet ist bereit. Jeder füllt seinen Teller, die Inder bleiben oft stehen und schaufeln das Essen mit den Fingern der rechten Hand in den Mund. Wir halten die Teller auf den Knien. Gesprochen wird nicht mehr. Dann ist die Einladung zu Ende. Jeder geht auf sein Zimmer im indischen Gästehaus.

Zurück geht es wiederum fünf Stunden im Auto durch unzählige Dörfer, durch herrliche Landschaften. Markus hält seine Sitzung im Begleitauto während der Fahrt ab. Auch hier gibt es Verkehrsstau. Unser gewiefter Driver überholt die stehende Kolonne. Wir sind verspätet und müssen doch zum Airport. Der Flieger wartet nicht, und die Zeit läuft! Ein Schlenker hier, einer da. Geschickt schlängelt sich unser Fahrer durch die hupende Blechlawine. Wutentbrannt stürmt ein uniformierter Polizist, der den Verkehr regeln sollte, auf unser Auto zu, brüllt mit ultimativ strenger Miene unseren Fahrer an und erteilt unserer Autokarosserie fünf Stockschläge. Eine happige Strafe für ein leichtes Überholmanöver! Wie heisst es bei uns: Man schlägt den Sack und meint den Esel.

Unseren beiden folgenden Autos ergeht es nicht besser, auch sie kassieren Stockschläge. Die Autos, versteht sich, nicht die Chauffeure. Die Beulen? Gehen glücklicherweise auf Geschäftskosten. Mit einer Prise Humor erträgt man auch solche Episoden leichter.

Backwaters

Aber Indien geht auch ganz anders. Am Mittwoch geht's nach Kochi. Wir besichtigen die Stadt und fahren weiter zu einem Schiffsanleger. «Backwaters» wird das Gebiet genannt, eine weitere indische Besonderheit, ganz ohne Strassen, ohne Lärm, ohne Restaurants. Völlig losgelöst und doch ganz umgeben von fremdartigen Erfahrungen ist das Leben auf den wunderschönen Hausbooten. Ein ausgedehntes Netz von Kanälen, kleinen Flüssen und grossen Seen erstreckt sich hinter der Küstenlinie. Es sind teils natürlich entstandene Wasserstrassen, teils von den Bewohnern künstlich geschaffene. Im Hauptgebiet der Backwaters zwischen Kovalam und Kochi gibt es nur an zwei Stellen ständige Verbindungen der Süsswasserbereiche mit dem Meer. Die Backwaters sind deshalb ein besonderes Biotop, weil während der trockenen Jahreszeit Meerwasser eindringt und so Brackwasser in Kanälen und Seen fliesst.

Früher transportierten flache Boote, die Kettuval-
lams, landwirtschaftliche Erzeugnisse und Baustoffe
durch diese Wasserstrassen. Heute werden die Waren
allesamt mit riesigen Lkws auf der Strasse transportiert.
Es drohte den Kanälen das Ende. Ein erfindungsreicher
Inder hatte dann eine geniale Idee: Er entwarf wunderbare Hausboote für Touristen. Sie sehen aus der Ferne
aus wie Strohhüte, die auf dem Wasser treiben. Diese
Schiffe haben alles an Bord, was man so braucht: Küche,
Schlafräume, Living-Room, Lounge, Bad mit Dusche
und Toilette.

Wir geniessen eine Fahrt in völliger Entspannung. Das
langsame Gleiten, das leise Tuckern des kleinen Motors,
eine kompetente Crew: ein Kapitän, ein Ingenieur, der
auch als «Zimmermädchen» eingesetzt wird, und ein
Koch begleiten uns. Wir geniessen das Da-Sein und die
wechselnden Ausblicke auf die üppig bewachsenen Ufer,
die kleinen Häuschen, Frauen in farbigen Saris, die Wäsche waschen, Kinder, die an den Stegen baden oder sich
morgens eifrig noch schnell die Zähne putzen, Fischer,
die ihre Netze auswerfen. Eine Nacht auf dem Haus-
boot, das ist Indien pur! Genau so stellt sich jeder In-
dien-Unkundige dieses Land vor.

Chilischoten machen glücklich

Die Sinne helfen mir, den Moment zu erfassen. Was sehe
ich? Was höre ich? Was tönt wonach? Was spüre ich in
dieser Stimmung? Was nehme ich wahr zwischen diesen
Menschen, die dort um den Brunnen stehen? Weil ich
die Sprache nicht verstehe, muss ich noch mehr auf die
Sinne achten, auf Details und auf Zusammenhänge, auf

Bilder, Mimik und Tonfall, auf Gerüche und Geräusche. Und ich achte auf das, was bei mir anklingt, was mich berührt. Das ist viel – oft zu viel. Geht es jungen Menschen auch so, wenn sie pausenlos online sind und sich ein Video nach dem anderen «reinziehen?» Statt mit Gerüchen und dem brodelnden Alltagsgeräusch werden sie mit Werbung, mit effektheischendem Grauen und mit irrealen Sexfantasien vollgepumpt.

Ich möchte mich berühren lassen, denn dann spüre ich mich und die anderen – für mich eine wichtige Voraussetzung für Liebe und Sinnlichkeit. Und Chilischoten erhöhen die Endorphinausschüttung. Es heisst, dass scharfe Lebensmittel die gesündesten Drogen der Welt sind, weil der Körper die Schärfe nicht als Geschmack, sondern als Schmerz empfindet, und nach dem Schmerz kommen die Glücksgefühle in Form von Endorphinen. Scharf macht also glücklich, und wir essen täglich sehr scharf. Ob nun Chili, schwarzer Pfeffer, Ingwer oder Meerrettich: Nach dem Genuss tritt immer der sogenannte Pepper-High-Effekt ein.

Die Inder betonen die heilende Kraft von scharfen Gewürzen. So habe ich mir sagen lassen, dass Pfeffer mit indischem Kurkuma ein Blutfettsenker und Leberentgifter sei, Ingwer und Knoblauch verdoppeln zusammen ihre antioxidative Wirkung. Ich müsste mich also in einer Wellnessoase befinden. Die Realität weicht von diesem Traumbild ab.

Achtsamkeit

Es beschäftigt mich, wie viele Unachtsamkeiten tagtäglich passieren: Aggressionen, Abwertungen, Unhöflichkeiten, Nicht-Bemerken. Oft ist das nicht böse gemeint, oft auch nicht bewusst gegen den anderen gerichtet, trotzdem entfaltet es eine destruktive Wirkung. Es vergiftet das Zusammensein, gerade in Langzeitbeziehungen, wenn der Schwung der ersten Liebe vorüber ist.

Achtsam leben heisst, für das Geschehen in mir und um mich herum eine wache «Beobachtungsposition» einzunehmen, die mir die Wahl gibt, so oder anders oder gar nicht reagieren zu müssen. Zuhören, hinsehen, nachspüren, das ist die Arbeit der Seele.

Ich darf nicht arbeiten hier in Indien. Damit hat sich alles verändert. Ich muss mich neu organisieren. Aber wie?

Mutter Teresa will ich nicht werden. Was dann? Eine zufriedene Expat-Frau, die ihren Platz und ihren kleinen Wirkungskreis in Hyderabad gefunden hat. Ist das ein einfaches Ziel oder ein Traum? Egal, auch hinter einem Traum herzujagen, hat seinen Preis. Es kann bedeuten, dass ich meine Gewohnheiten aufgeben muss, dass Schwierigkeiten warten und es kann zu Enttäuschungen führen. Aber so hoch der Preis auch sein mag: Ich will meine Zeit hier nutzen. Es ist nicht so sehr entscheidend, wo man steht, sondern vielmehr, in welche Richtung man geht.

Die Hitze führt zu einer Untätigkeit, die mir nicht entspricht. Die Privatstunden mit meinem Hindilehrer geniesse ich daher richtig.

Der Mann ist ein typischer Vertreter der indischen Mittelklasse: ein gelblich-weisses Hemd mit langen Ärmeln, der oberste Knopf des Kragens bleibt offen, das Hemd steckt in der braunen, langen Hose. Diese hält

er mit einem abgegriffenen Gürtel oberhalb seines dicken Bauches fest, was zu Hochwasserhosen führt. Seine
weissen Zähne – alle sind nicht mehr vorhanden – blitzen aus seinem dunklen Gesicht. Ein gütiges Lächeln
verleiht dem strengen Lehrergesicht ein bisschen Milde.
Mister Narayanan ist ein pensionierter Lehrer und will
mir Hindi beibringen.

Ich gebe mir viel Mühe mit der Sprache und möchte bald mit dem Volk auf der Strasse sprechen können.
Voller Eifer versuchte ich dann, auf dem Markt meine
Hindi-Kenntnisse zu erproben. Aber niemand versteht
mich.

«Was will diese Frau? Gurken?»

Jemand übersetzt, was ich gesagt habe. Da realisiere
ich, dass hier auf dem Markt niemand Hindi spricht,
sondern Telugu. Warum hat mir Mister Narayanan das
nicht gesagt? Weil er Geld verdienen wollte? Kann ich

Indern trauen? Ich werde vorsichtig. Das nette Lächeln kann trügen. Money, money, darum dreht sich schliesslich alles. Jeder engagiert sich, solange es sich für ihn rentiert. Frustration und Enttäuschung kommen in mir hoch. Die Inder meinen offenbar, dass jeder Ausländer reich ist und einfach mal bezahlen soll. Es wird gelogen und betrogen, im kleinen wie im grossen Stil. Jeder kämpft um ein paar Rupien. Bei einigen Menschen geht's in der Tat ums Überleben, bei anderen einfach ums Noch-mehr-haben-Wollen.

Die Schattenseiten des Lebens lassen sich hier nicht ignorieren. Die Zeitungen sind voll davon. Ein Leopard hat sich irgendwo gezeigt. Im besten Fall bleiben die Dorfbewohner unbehelligt, im schlechteren Fall hat das Tier Hunger. Ich lese von Bahnunglücken, einstürzenden Brücken, Unfällen mit überfüllten Bussen, von Studenten, die sich umbringen, weil sie eine schlechte Note in der Klausur hatten. Oder von unglücklich verliebten Pärchen, die sich gemeinsam vor den Zug werfen, weil sie laut den Eltern, dem Priester und dem Horoskop nicht füreinander bestimmt sind. Wegen der Hitze – wir haben momentan über 45 Grad, und es soll noch heisser werden – sind bereits über 150 Menschen in unserer Stadt gestorben. Meistens die Armen, die in Blechhütten oder auf der Strasse leben. Die Leichen werden frühmorgens eingesammelt und in einer Kammer aufeinandergelegt. Später werden die toten Körper verbrannt. Man geht davon aus, dass diese Leute eh keine Verwandten haben und kein Geld für ein Begräbnis vorhanden ist.

Auf der anderen Seite ist die Hightech-Gilde. Diese Superhirne entwickeln, forschen, bringen Neues auf den Markt. Sie sind Avantgardisten, brillant und unserer westlichen Zeit oft weit voraus. Und die Superreichen gibt es natürlich auch, zum Beispiel Mr Ambani, der sich einen gigantischen Tower inmitten Mumbais errichten liess, mit Blick übers Meer und in die Slums. Im 16. Stock befindet sich seine Garage, mit einem Lift kommen die teuren Vehikel dort hinauf. Es gibt einen eigenen Tempel in diesem Wolkenkratzer. Fünf Familienangehörige leben in diesem riesigen Hochhaus. Da dürfte jeder genügend Auslauf und Privacy haben.

Diese unglaublichen Gegensätze machen das Leben hier spannend. Manchmal so spannend, dass es spannt und ich vorsichtig sein muss, dass es mich nicht zerreisst; dass ich mich abgrenze und nicht ausnutzen lasse. Indien ist in den vergangenen 50 Jahren kaum wirklich vorangekommen. Es wäre beispielsweise wünschenswert, dass alle Menschen Zugang zu einer Toilette hätten und ihre Notdurft nicht gerade vor unserem Balkon verrichten würden.

Anfangs war ich in Indien ziemlich ausgelaugt von den Anforderungen, die ich an mich selbst stellte. Ich wollte trotz Hitze und neuer Eindrücke nützlich sein und etwas leisten. Schopenhauer meint, dass die Menschheit zwischen Langeweile und Not hin- und herpendelt. Arbeit ist sinnerfüllend, das wissen Arbeitslose nur zu gut. Aber ich war ja nicht arbeitslos, sondern führte ein Leben zwischen dichtgedrängten, stressigen Wochen in Europa, in denen ich arbeitete, Geld verdiente und mir nur selten Pausen gönnte – im Gegensatz zu den langen, einsamen Tagen in Indien.

Frankl sieht auch, dass Tätigkeit nicht nur Geldver-
dienen heisst, sondern ganz kleine Aufmerksamkeiten
enthalten kann bis zum stillen Beten für andere, was
man mit «seelischem Mittragen» übersetzen könnte. Da
kann eine Grossmutter wichtig sein, die vielleicht immo-
bil ist, aber seelisch mitträgt. Dafür braucht es jedoch
die richtige Haltung – für Frankl war es eine fromme
Haltung –, und ich bin sicher, sie ist ein guter Ansatz für
den Umgang mit Leiden.

Aber ich litt ja nur mässig. Ich hatte so viele Privilegien
gegenüber den Inderinnen. Trotzdem fällt es mir schwer,
mich mit solchen Vergleichen zu trösten. Nein, meine
Gefühle dürfen nicht ins Jammern kippen.

«Allahu al akbar. Aschhadu an la ilaha illa llah…»
Der wehmütige, taumelnde Gesang des Muezzins
weckt mich. Mit einem schwungvollen Ruck ziehe ich
die dicken Vorhänge zurück. Dort ragen die weissen Mi-
narette zwischen dem Grün der Sandelholzbäume und
unzähligen Hütten und Häusern empor. Ein Brummen
reisst mich aus meiner kontemplativen Stimmung: Hyderabad hat wieder Strom!

Es ist ein wichtiger Tag heute. Markus wird einige ent-
scheidende Meetings leiten. Er hat viel um die Ohren
mit seinen Zementwerken, mit den viertausend Mitarbeitern und einer Organisation, die erst noch aufgebaut
werden muss. Zum Frühstück habe ich ihm ein feines
Müesli mit Früchten hingezaubert, dazu ein weiches Ei.
Eine fröhliche Karte sollte ihm Mut machen, diesen Tag
locker und beschwingt anzugehen. Ich war schon früh
auf, um alles stilvoll und elegant auf unserem kleinen
Tisch zu arrangieren. Die Eierbecher waren eine Ent-

deckung in der Road Nr. 12 in Banjara Hills: echter indischer Klimbim, leuchtendes pink mit goldfarbigen Ornamenten verziert. Ein echtes Gute-Laune-Vitamin, die knalligen Farben. Aber Markus war mit seinen Gedanken schon in seinem Geschäft und sah die liebevollen Details auf dem Tisch gar nicht. Das Müesli hat er gewürdigt, das Ei blieb stehen, dann war die Zeit um. Es könne später werden. Tschüss.

Jetzt sind die Stunden lang bis zum Abend – sehr lang. Anfangs hat es mir noch Spass gemacht, dieses Ausruhen und die Ferienstimmung mit Pool, Fitness und Massage im Hotel. Aber nach ein paar Wochen habe ich einfach genug davon. Ich mag keine Massagen mehr, mag nicht dauernd angefasst werden. Ayurveda hin oder her, mir wird das zu viel. Auch der gepflegten Poollandschaft bin ich überdrüssig, und ich mag auch nicht länger angegafft werden von den Bauarbeitern und Angestellten der umliegenden Gebäude.

Dieses viele Warten gehört irgendwie zu Indien. Wer mich kennt, weiss, wie ungewohnt das für mich ist. So versuche ich, meine einsamen Tage ganz gezielt zu nutzen. Ich studiere Fachliteratur, schreibe meine Vorträge, meine Publikationen und arbeite an meinen Seminaren. Und dank der heutigen Technik sind Diskussionssendungen wie «Sternstunde Philosophie» auch in Hyderabad zu geniessen. Dann wieder Stromunterbrechung. Das Warten auf den Strom schenkt mir Zeit zum Nachdenken.

Anna, die Tüchtige

Ich denke an Anna, an Anna, die Tüchtige, wie ich sie auch nenne. Mit Volldampf stürmt sie in meine Sprechstunde und kommt auch gleich zur Sache:

«Ich muss dringend eine Lösung finden! Früher habe ich so viel geschafft, konnte sämtliche Aufgaben abarbeiten und zur Zufriedenheit aller erledigen. Jetzt funktioniere ich irgendwie einfach nicht mehr.»

Anna ist eine Businessfrau, sportlich-elegant gekleidet, sicherer Stil, gross, dunkle, lange Haare.

«Ich kenne mich nicht mehr. Seit längerem habe ich das Gefühl, dass ich nichts mehr auf die Reihe kriege. Die Zeit zerrinnt mir zwischen den Händen, überall lauern Aufgaben, jeder will etwas von mir. Ich habe Angst, dem Leben nicht mehr gewachsen zu sein. Ich fühle mich gestresst, mein Nervenkostüm ist hauchdünn.»

Anna ist nicht nur beruflich erfolgreich. Sie kümmert sich liebevoll um ihre kleine Tochter, pflegt ihren herrlichen Garten selbst, unterstützt ihren Ehemann im Geschäft und begleitet ihn zu verschiedenen Anlässen. Ihre Figur hält sie mit Yoga und Joggen in Form. Dennoch: Anna fühlt sich leer, erschöpft, und trotz ihrer Leistung hält sie sich für ungenügend. Äusserlich wirkt Anna so, als ob sie ganz gut mit den Höhen und Tiefen des Lebens umgehen könnte. Obwohl sie von völliger Erschöpfung spricht, wirkt sie beschwingt und locker.

Ich frage mich: Wie oft werde auch ich völlig falsch eingeschätzt? Aufgrund optischer Attribute und Äusserlichkeiten wird man schnell in eine Schublade gesteckt, und nur selten machen sich die Leute die Mühe, ihre Vorurteile zu hinterfragen und allenfalls zu korrigieren. Denn das wäre mit Arbeit und persönlicher Reflexion verbunden, vor allem aber mit Interesse am Mitmenschen. Doch wer hat schon echtes Interesse am Gegenüber? Wer nimmt sich heute noch wirklich Zeit, das Gegenüber verstehen zu wollen, seine Motive, seine Glaubenssätze, sein Menschenbild kennenzulernen?

Anna beschreibt ein Gefühl, das viele Menschen irgendwann in ihrem Leben kennenlernen. Menschen, die in ihrer Arbeit aufgehen, empfinden Leistung nicht als Last. Gleichwohl sind sie eingebunden in Pflichten und Anforderungen, die eigenen Bedürfnisse kommen zu kurz.

«Was wäre, wenn Sie irgendeine kleine Aufgabe abgeben würden?», frage ich Anna. «Was würde dann passieren?»

«Ich gebe ab, was ich kann. Aber zu viel darf ich nicht abgeben. Dann misstraut man mir und denkt, dass ich es nicht kann. Ich habe kein Studium, nur ein Diplom der Handelsschule. Es gibt Leute, die darauf warten, dass ich es nicht schaffe.»

Anna quälen Schuldgefühle, nicht genügen zu können, und solche Gefühle will sich niemand leisten. Denn wir sind umgeben von «Powerfrauen» und «Managern». Dabei kann man sich leicht minderwertig fühlen. Was tun wir? Unsere Schuldgefühle überspielen wir mit noch mehr Aktivität, noch mehr Engagement, mit Pseudo-Fröhlichkeit, mit Partys und Hochleistungssport. Dahinter stecken aber oft die Fratzen der Angst und der Lüge.

«Nochmals: Gibt es etwas, was Sie aufgeben könnten? Offensichtlich ist es tatsächlich zu viel, wenn sogar Ihr Fitnessprogramm zu kurz kommt.»

«Ich habe das Fitnesstraining geopfert. Das kann ich leichter verschmerzen als Fehler im Job oder ein vernachlässigtes Kind.»

Ich kann Anna keine Sofortlösung anbieten. Die Arbeit an den wirklichen Gründen wird noch die eine oder andere Sitzung benötigen. Was ich ihr fürs Erste mitgebe, ist das Bild eines Stuhles:

«Anna, stellen Sie sich einen Stuhl mit vier Beinen vor. Jedes Bein muss genauso lang sein wie die anderen, sonst wackelt der ganze Stuhl. Fällt ein Stuhlbein weg, hält sich der Stuhl noch, allerdings ist er instabil. Fallen zwei Stuhlbeine weg, kippt der Stuhl. Die Stuhlbeine beschreiben die vier Lebensbereiche:

- Leistung und Beruf,
- Familie und Freunde,
- Körper und Gesundheit,
- Sinn und Werte.

Nur ein ausgewogenes Verhältnis dieser vier Pfeiler führt zu einer Balance im Leben, zu langfristigem Erfolg und Lebensglück. Und sie brauchen etwa gleich viel Engagement, Zeit und Pflege. In unserem Kulturkreis wird leider die Sinnfrage oft vernachlässigt, die Leistung hingegen überbetont. Gern wird vergessen, dass die Lebensgebiete in gegenseitiger Abhängigkeit stehen. Wer einen Bereich chronisch überbetont, muss die anderen, ebenso wichtigen, zwangsläufig vernachlässigen. Nun beginnt das Ringen: Bei überbetontem Engagement im Beruf bleiben Familie, Partnerschaft, soziale Kontakte und oft sogar die Gesundheit auf der Strecke. Fehlt dann auch noch eine Sinnorientierung, streben Selbstmotivation und Leistungsfähigkeit irgendwann zwangläufig gegen null. Man muss lernen, sich selbst Grenzen zu setzen. Und man muss manchmal ganz einfach ‹Nein› sagen. Sie haben drei Möglichkeiten:

- Love it: Lieben Sie das, was Sie tun. Lieben Sie die Menschen, und lieben Sie sich selbst.
- Change it: Wenn Sie etwas oder jemanden nicht mehr lieben, sollten Sie die Situation oder Ihre Einstellung zur Situation oder zur Person verändern. Versuchen Sie, das Umfeld zu akzeptieren, Distanz zu gewinnen und hohe Erwartungen an sich oder andere zu korrigieren. Wer die Situation neu bewertet, erlebt sich selbst nicht mehr als Opfer, sondern gewinnt seine Handlungskontrolle zurück.
- Leave it: Wenn Sie etwas nicht mehr lieben und nicht verändern können oder wollen, gilt es, auszusteigen, sich etwas anderes zu suchen, das man wieder lieben kann. Aber aufgepasst: Flucht aus Frust reduziert den Stress nur selten dauerhaft.»

Ich habe oft mit sogenannten «Powerfrauen» zu tun. Einerseits gibt es diesen externen Druck tatsächlich. Frauen müssen beruflich oft immer noch «besser« sein als Männer, damit sie weiterkommen. Frauen akzeptieren die Forderungen als gerechtfertigt und merken nicht, dass es sich in Wirklichkeit um Zumutungen handelt.

In Indien ist vieles anders. Nicht nur das Frauenbild ist komplett unterschiedlich zu Europa, indische Frauen haben in der Regel nur sehr wenig Rechte, und die arrangierte Ehe ist gang und gäbe. In Indien leben aber auch viele Lebenskünstler, so dass ich mich oft wundere, wie sie satt werden und es schaffen, freundlich und ausgeglichen zu bleiben. Der Yogi Swami Satchitananda sagt dazu:

**You can't stop the waves,
but you can learn to surf.**[1]

Immer und immer wieder kommen Stürme und Gewitter in unserem Leben auf. Die Heftigkeit und deren Verlauf können wir oft nicht beeinflussen. Aber wir können lernen, darauf mit Gelassenheit zu reagieren. Sich von unnötigem Ballast zu befreien ist der beste Weg, Unzufriedenheit zu überwinden. Aber das ist ein lebenslanger Lernprozess. Ich weiss nur zu gut, was das heisst.

Ich lese viel, um mich auf unsere Besucher und Gäste vorzubereiten. Um ein bisschen das indische Denken nachvollziehen zu können, wurde mir ein Artikel von Sunanda K. Datta-Ray, einem bekannten indischen Journalisten, empfohlen. Darin beschreibt er, dass es der neuen indischen Mittelklasse weniger darum geht,

---

[1] Man kann die Wellen nicht stoppen, aber man kann lernen,
darauf zu surfen.

Konsumenten eines globalen Marktes zu sein, sondern «jemand zu sein» auf der hierarchischen Leiter der indischen Gesellschaft. «Wichtige Leute» wie zum Beispiel Richter im Ruhestand, Ex-Botschafter oder pensionierte Beamte sind darum nie ohne Visitenkarten anzutreffen. Indien, schliesst Datta-Ray, ist kein Land für Anonyme. Man strebt danach, sich einen Namen zu machen. Man muss «jemand sein», um mit Würde zu überleben, denn Rang ist in Indien der einzige Ersatz für Geld. Er hätte noch erwähnen können, dass Indien die höchste Zahl der Anwärter für das «Guinness-Buch der Rekorde» stellt.

Ist es bei uns in Europa so ganz anders mit dem «Gesehen-werden-Wollen?» Ich denke an die Cervelat-Prominenz, an Fotoreportagen in Boulevardzeitschriften, an Who's Who. Und wie sehr engagieren sich Eltern, damit ihre Kinder zu den intelligentesten, hübschesten, erfolgreichsten Menschen heranreifen? In der Schweiz wird das Kind früh in die Kinderkrippe geschickt, zum Frühenglisch, zum Klavierunterricht, zum Ballett- und Golftraining, dann in den französischsprachigen Malkurs und ins Trainingslager für Judo.

Viele Menschen sind Gehetzte. Sie sind gehetzt von anderen, von zahlreichen, vermeintlich extrem wichtigen Verpflichtungen, und von sich selbst. Höher und höher, schneller und schneller, noch mehr Zeug anhäufen bis zur Raffgier, andere abwerten, um selbst besser dazustehen, angetrieben von Neid, Missgunst und Arroganz.

Dass ich hier in Indien viel Zeit zum Nachdenken habe, sehe ich als Chance und Lernmöglichkeit.

Ladakh

In Indien suchen wir uns inzwischen aus, was wir sehen möchten. Eine Wunschdestination ist das Gebiet ganz im Norden Indiens: Ladakh.

Schon der Anflug auf Leh ist atemberaubend. Nach dem Überqueren des spektakulären Gipfelmassivs im Westen des Himalaya gleitet die Maschine in ein Tal. Die Felswände rechts und links scheinen so nah, dass ich fürchte, die Tragflächen der Maschine schrammen an ihnen entlang. Beim Verlassen des Jets schnappe ich das erste Mal nach Luft: Leh liegt über 3500 Meter über dem Meer, und erst vor einer Stunde sass ich noch am Airport in Delhi, das satte 3300 Meter tiefer liegt. Mit zittrigen Knien und pochendem Puls schnappe ich mir mein Köfferchen vom Band, und wir legen erst einmal

einen Ruhetag im Hotel ein. Markus hat keine Probleme mit dieser Höhe. Seine Bergsteiger-Erfahrung und Himalaya-Trekkings haben ihn imprägniert.

Ladakh ist ein karger Landstrich. Erst 1974 wurde dieses Gebiet für den Fremdenverkehr geöffnet. Damals kamen vor allem Hippies aus Europa und Amerika, die Spiritualität und Weltentrücktheit suchten. Cannabisprodukte aus dem nahe gelegenen Kaschmir unterstützten sie dabei. Heute sind es vor allem Rucksackreisende und Trekking-Fans, die die Klöster und Naturschönheiten besichtigen wollen. Zu einem kleinen Besucherboom kam es, als Maoisten in Nepal rebellierten und Trekkingtouristen damals aus Sicherheitsgründen nach Ladakh auswichen.

Seit die Region 1947 ein Teil Indiens wurde, kam es immer wieder zu militärischen Auseinandersetzungen

mit den Nachbarstaaten China und Pakistan. Die Lage ist noch heute angespannt, das Militär ist omnipräsent.

Was hat mich auf unserer Reise nach Ladakh so berührt? Erstens die unglaubliche, beinahe unwirkliche Landschaft. Sprachlos schaue ich ins Tal und staune. Zweitens die allgegenwärtige Philosophie Buddhas. Man spürt die gütige Haltung dieser Menschen, die Gelassenheit und die Geduld. Drittens der Do Khyi.

Ladakh ist das höchste Plateau im Bundesstaat Jammu und Kaschmir. Es wird als das geheimnisvolle Land der mystischen Lamas, als «broken Moonland» oder als «last Shangri-La» beschrieben. Die einzigartige Landschaft und die exquisite Kultur sind unbeschreiblich. Man sieht keinen Horizont, sondern ausschliesslich riesige, karge Berggipfel, und saftig-grüne Bänder schlängeln sich durch die Täler. Die Seen sind türkisblau, die Pässe gehören zu den höchsten der Welt, und die wundervollen Klöster, die Stupas und die Figuren und Bilder des Dalai Lama beeindrucken. Es ist für mich eine unwirkliche Landschaft und lädt zum Staunen, zum Nachdenken und zum Philosophieren ein.

Die Lehre Buddhas prägt die Menschen. Ich erlebe sie als gastfreundlich, zufrieden und fröhlich, so ganz anders als die Inder in Hyderabad oder anderen indischen Gebieten. Keiner ist da und schaut grimmig in die Welt. Die herrlichen Klöster sehen wie grosse Termitenhügel aus und laden jeden ein, sich mit dieser Philosophie näher zu befassen.

Bereits während meiner Reise durch Bhutan faszinierte mich diese fernöstliche Lehre. Es ist die Philosophie der Humanität, die mich berührt, dieser wirklichkeitsnahe, duldsame, objektive Umgang mit der Lebensgestaltung. Der Buddhist kennt weder Rache noch Fanatismus, weder Kampf gegen Andersdenkende noch Raffgier, Hass und Ignoranz. Im Zentrum stehen die Liebe und Güte zu allen Lebewesen und die Kraft für jenen wundersamen Weg, der zur völligen Überwindung allen Leidens führen soll. «Nicht glauben, sondern erkennen» ist eine Devise der Lehre Buddhas. Er verlangte von seinen Anhängern, nicht mit blindem Glauben seiner Lehre zu folgen, sondern selbstständig zu forschen und selbstständig zu denken:

Richtet euch nicht nach Hörensagen, nicht nach einer Überlieferung, nicht nach blossen Behauptungen, nicht nach der Mitteilung sogenannter heiliger Schriften, nicht nach logischen Deduktionen, nicht nach methodischen Ableitungen, nicht nach dem auf Augenschein beruhenden Denken, nicht nach lang gewohnten Ansichten und Vorstellungen. Wenn ihr erkennt, dass diese Dinge, wenn ausgeführt, zum Unheil und Leiden für uns und andere gereichen, verwerft sie. Erkennt ihr dagegen, diese Dinge sind recht, diese Dinge sind einwandfrei, wenn ausgeführt, gereichen sie zum Heil und Glück für uns und andere, dann nehmt sie an und lebt danach.

Ein wunderbarer Hinweis auf die Eigenverantwortlichkeit eines jeden.

Und da gibt's den Do Khyi, ein dort heimischer Hund mit ausgeprägter Halskrause, dichtem Fell und stattlicher Grösse. Grösse geht oft mit Verantwortung einher, und so werden diese Hunde als Wachhunde von Klöstern und Nomadenbehausungen eingesetzt. Diese

Hunde haben gegenüber ihren Besitzern einen ausgeprägten Beschützerinstinkt, sind äusserst geduldig, loyal und eigenständig. Ladakhs Strassenhunde sehen diesem Ur-Hund sehr ähnlich, ziehen nachts bellend in Rudeln durch die engen Gässlein und lehren einen, das sichere Hotelzimmer zu schätzen.

Sieben Jahre Haft für versuchten Diebstahl

Wir sind mit unserem Fahrer Saket unterwegs, besichtigen herrliche Klöster, prächtige Malereien, Schnitzereien, Edelsteine, Statuen und Buddhafiguren. In den Gebetshallen sitzen Mönche in roten Roben und murmeln Mantras, dazu werden Zimbel und Trommel im Takt geschlagen – buddhistische Spiritualität. Saket erklärt uns, dass sein Name in Hindi «Himmel» bedeutet. Nicht nur der Mann passt zu diesem Ort, nein, auch sein Name. Hier fühle ich mich tatsächlich dem Himmel etwas näher. Doch die Idylle kann trügen.

Saket erzählt uns, dass vor einiger Zeit ein Inder versuchte, einen kostbaren Dolch aus einem Kloster zu stehlen. Er wurde erwischt und wäre fast vom aufgebrachten Volk gelyncht worden. Das Militär kam dem Mann zu Hilfe und verhaftete ihn. Nun büsst er sieben lange Jahre im Zuchthaus für seine Tat. Es heisst, wem es vergönnt ist, Ladakh zu besuchen, der hat ein gutes Karma, das ist der Lohn guter Taten vom vorherigen Leben. Wer an Reinkarnation glaubt, darf annehmen, dass der Dolchräuber im nächsten Leben als Fruchtfliege wiedergeboren wird.

Jede Familie schickt einen Sohn ins Kloster

Nach 120 Kilometern Fahrt ist das Tagesziel erreicht: In der Höhe auf braunen Felsen strahlen die weissen Mauern von Lamayuru im Sonnenschein. Darunter im Tal liegt ein schmuckes Dorf mit Gärten, Baumgruppen und Feldern. Auf den Hausdächern ist Getreide zum Trocknen ausgelegt. Ein roter, englisch beschrifteter Briefkasten erinnert an die britische Kolonialherrschaft.

Bei der Klosterbesichtigung bettelt ein kleiner Junge in Mönchskleidung: «Pen. Pen please.»

Ich schenke ihm meinen Kugelschreiber, und er bedankt sich artig mit zusammengelegten Handflächen und hastet davon. Noch heute wird aus jeder Familie ein Sohn ins Kloster geschickt, um Mönch zu werden.

Im Dorf findet eine traditionelle Krankenbehandlung statt. Diese Prozedur interessiert mich. In einem Haus bemüht sich die örtliche Schamanin – in der Landessprache heisst sie Lha-mo – eine Frau zu heilen. Was genau das Problem der Patientin ist, bleibt mir verborgen. Die Lha-mo ist offensichtlich in Trance, sie spricht Beschwörungen und saugt mit geschürzten Lippen am Körper der Kranken. Im Zimmer herrscht eine merkwürdige Spannung. An Kuhschwanzwedel und Kokosnüsse, Räucherstäbchen und Rosenwasser bin ich schon gewöhnt, aber das hier?

Ich bin skeptisch, sehr skeptisch. Saket versichert mir, dass diese Behandlungsmethode und der feste Glaube der Patientin an ihre Wirkung immer wieder zu Heilerfolgen führen. Placeboeffekt? Ich bin heilfroh, dass ich gesund bin und keine Lha-mo benötige. In unsere medizinische Versorgung und unsere Therapiemethoden habe ich doch mehr Vertrauen, obwohl ich mir manchmal wünschte, dass Schulmediziner mit alternativen Heilmethoden nicht so sehr auf Kriegsfuss stünden.

In Ladakh haben sich neben dem Buddhismus atavistische Glaubensformen und magische Praktiken erhalten, übersinnliche Phänomene und «Oni» genannte Dämonen sind für die Menschen hier Realität.

Markus und ich starren andächtig gen Himmel, derweil uns eiskalter Wind um die Ohren schlägt. Erhabenheit, Demut, eine Ahnung von Ewigkeit – im Schein der untergehenden Sonne formieren sich am Firmament dramatische Wolkenformationen zu einem himmlischen Lichtspiel, das an Götterdämmerung denken lässt. Grandioses Fleckchen Erde!

Mein Fazit:

Denkt daran, dass die wunderbaren Dinge, die ihr in euren Schulen kennenlernt, das Werk vieler Generationen sind, das in allen Ländern der Erde in begeistertem Streben und mit grosser Mühe geschaffen worden ist. All dies wird als euer Erbe in eure Hände gelegt, damit ihr empfanget, ehret, weiterbildet und treulich euren Kindern einst übermittelt. So sind wir Sterbliche in dem unsterblich, was wir an bleibenden Werken gemeinsam schaffen.

Albert Einstein: Mein Weltbild
Eine Ansprache an Kinder

**Ändere deine Ansichten,
und du hörst auf, dich zu beklagen.**

Marc Aurel

Kapitel 7

Aufnehmen und annehmen

Erste Weihnachten in Jaipur

Eine weihnachtliche Stimmung will bei uns noch nicht so richtig aufkommen. Bei diesen sommerlichen Temperaturen ist es auch nicht verwunderlich. Unser Weihnachtsgeschenk jedoch haben wir bereits ausgepackt: Wir verbringen ein paar Tage in Jaipur/Rajasthan. Eine wahrhaftige Wundertüte ist diese Reise. Maharadschas, Elefanten und Juwelen. Rajasthan wird wegen der Wüste Thar auch der «Wüstenstaat» genannt. Jaipur, der Hauptort mit drei Millionen Einwohner, seiner «Pink City» aus dem 18. Jahrhundert, das Jantar Mantar wurde für astrologische und astronomische Berechnungen erbaut (1728–1734 – und die Dinger sind erstaunlich präzise!) und natürlich der City-Palast. Hier fühlte sich sogar Markus ein bisschen als Maharadscha. Aber nur ein bisschen, denn die Realität holt einen schnell wieder ein.

«Come, come», mahnt uns Ashok, unser Stadtführer, zur Eile.

Doch stopp: Markus erblickt auf dem Trottoir eine alte Kamera auf drei Beinen Marke «Zeiss». Schnurstracks zielt Markus darauf zu. Der Fotograf erklärt ihm die Technik.

«Funktioniert die?», fragt Markus skeptisch.

«Yes, yes, sure, of course, of course!»

So mutieren Markus und ich zum Fotomodell. Ein kaputter schwarzer Regenschirm bricht die gleissenden Vormittags-Sonnenstrahlen.

«Sit still, sit still», ruft der Fotograf uns in seinem speziellen Englisch zu.

Mit steinernem Dauerlächeln, unbeweglich, harren wir der Dinge, die da kommen. Und er kommt, der Fotograf, unter seinem dunklen Tuch hervor. Offenbar hat er darunter das Bild scharf eingestellt. Chili-scharf, wie er es nennt. Jetzt steht er neben der Kamera, wir sitzen immer noch versteinert, da!, endlich drückt er auf einen Knopf am Ende des langen, abgewetzten Kabels. Klick, und Deckel auf, Deckel zu, so will er das Bild belichten.

Er gibt uns Entwarnung, wir dürfen wieder atmen und uns bewegen. In einem Putzkessel, der daneben steht, schwimmt eine leere Bierflasche. Die gehört wohl nicht zum Zeiss-Equipment. In diesen Kessel mit der wässrigen Lösung und der Bierflasche legt er nun das Bild hinein, offenbar zum Entwickeln. Heraus kommt ein Schwarz-Weiss-Negativ. In einem nächsten Arbeitsschritt fotografiert er das Negativ-Bild ab. Kurze Zeit später hält Markus das Bild in seiner Hand. Kaum zu glauben: Der uralte Apparat funktioniert, und die Qualität ist erstaunlich gut! Diese Technik fasziniert Markus. Und ich bin fasziniert ob all der Zuschauer, die sich mittlerweile um uns scharen. Ich kann nun meine Vorfahren sehr gut verstehen, weshalb sie auf alten Fotos so streng in die Kamera schauten und nie lächelten. Die Prozedur ist wirklich anstrengend!

«Come, come!», ruft Ashok erneut.

Einsteigen. Der strenge Geruch von Insektenspray im Wageninneren killt definitiv alle Insekten, hoffentlich nicht auch noch Menschen. Laut hupend ordnet sich unser Fahrer in das Gewühl der Hauptstrasse ein. Dicht an dicht bewegen sich klapprige Lieferwagen, bunt bemalte Lastwagen mit klimpernden Ketten, Autos und Motorräder, Motor-Rikschas, überfüllte, uralte Busse jagen um die Kurve, zuweilen jemand, der sein mit Kartons hochbeladenes Fahrrad auf der Fahrbahn schiebt, Ochsen- und Kamelkarren, unzählige heilige Kühe, streunende, sich kratzende Hunde, Katzen, Ziegen, Esel, Menschen... ein riesiges Tohuwabohu. Nebst dem gewohnten Durcheinander auf der Strasse muss man auf die Affen in den Bogengängen achten, die im Affentempo die Strasse überqueren – die Weibchen gern mit Affenbabys am Bauch oder auf ihrem Rücken. Eigentlich ist es nicht gerade entspannend, so zu reisen.

Zurück in Hyderabad erinnert wenig an Advent oder weihnachtliche Ruhe. Das Lichterfest ist vorbei und war gewiss schön anzusehen mit den Lampen an den Hausfassaden und über den Türrahmen. Dann lassen die Inder ihre Türen offen, damit das Glück ungehindert Zutritt hat. Sofern sie denn eine Türe haben. So viele Menschen sind sehr arm, auch in unserer Stadt. Das Leben unter Zeltplanen oder gar auf offener Strasse ist hart. Sehr hart.

Ich kann keine Weihnachtsguetzli backen, hier im Hotel habe ich keine Küche zur Verfügung. Im Zimmer habe ich ein paar Äste von einer Zeder arrangiert. Gemeinsam schauen wir uns einen schnulzigen Winterfilm an. Dazu trinken wir ein Glas «Sula», d.h. indischen Rotwein. Mehr als ein Glas von dieser Tinktur verträgt unser Körper nicht. Sodbrennen und Kopfschmerzen wären die Nachwehen. Ich kann jetzt nicht auf Knopfdruck Weihnachtsstimmung haben, und ich kann sie schon gar nicht künstlich erzeugen. Ich vermisse meine Familie und meine Freunde sehr. Wie habe ich mich jeweils auf Weihnachten gefreut! Ich mache so gern anderen eine Freude, überlege mir, was ich Schönes schenken könnte, entwickle Ideen und werde kreativ.

Wehmütig denke ich an die schöne Zeit der Weihnachtsvorbereitungen in der Schweiz zurück. Klar war es manchmal auch hektisch, aber die Hektik war immer selbstgemacht. Mein Perfektionismus stand mir manchmal im Weg, doch ich konnte das managen. Ich denke an die Freiheiten zurück, die ich als «freie Frau» in der Schweiz habe: einfach in das Auto zu steigen und von A nach B zu fahren, ohne vorgängig mit einem Driver eine Zeit abzumachen, eine Route zu besprechen, ihm zu sagen, welche Geschäfte ich wie lange besuchen möchte. Einfach spontan in die Stadt zu fahren und die geschmackvoll arrangierten Auslagen mit klar ersichtlichen Preisschildern zu bewundern. Viel Schönes in guter Qualität – oft teuer, aber immerhin erhältlich. Welch grandioser Luxus! Shoppen, ohne begafft zu werden. Ich werde wehmütig. Doch was bringt es, in Selbstmitleid zu versinken? Gründe hätte ich genug, doch was ändert das an meiner Situation?

Was soll's! Ich bin weit weg von zu Hause, und hier gibt es keine Weihnachten. Ich hole dreimal tief Luft und sehe mich um: Ich habe einen lieben Menschen an meiner Seite, der mir viele neue Perspektiven bietet. Das Schicksal hat mich reich beschenkt. Ich darf das ruhig annehmen. Ich muss lernen, das zu sehen. Immer und immer wieder. Das ist oft schwierig. Sehr schwierig.

Wie der Käse nach Bhutan kam

Schon der Anflug auf Paro mit Druk Air ist grandios: Zwischen den Himalaya-Riesen schlängelt der Pilot gekonnt die Düsenmaschine Richtung Bhutan. Die Täler sind eng. Sehr eng. Die Maschine fliegt tief. Sehr tief. Häuser, Menschen, Lastesel, gar die roten Chilis, die auf den Dächern zum Trocknen ausgelegt wurden, sind deutlich sichtbar. Sinkflug. Meine Finger krallen sich zeitweise tief in Markus' Arm, er aber nimmt meine Angst gar nicht wahr, er geniesst den Anblick der gewaltigen Schneeberge. Berge faszinieren ihn. Als Alpinist, der nicht nur den Kilimandscharo bestiegen hat, sondern Trekkings Richtung Mount Everest machte und mit Begeisterung sämtliche hohen Schweizer Berge auf Skiern mit Fellen bezwang – wen wundert es da? Markus ist in seinem Element. Hohe Berge aber sind so gar nicht mein Ding. Viel lieber vertiefe ich mich an einem Sandstrand in ein gutes Buch. Diese riesigen Felsen machen mir Angst.

Im Vorfeld habe ich gelesen, dass Paro zu den fünf gefährlichsten Flughäfen der Welt gehört. Da soll ich kein Herzklopfen haben? Angesichts der Flugroute und der kurzen Landepiste macht Herzklopfen sogar Sinn! Vorsicht ist besser als Nachsicht, sagt man. Zielsicher steuert der routinierte Pilot die Maschine in die Anflugschneise. Plötzlich drückt er die Schnauze des Flugzeugs steil nach unten. Schon berühren die Räder den Asphalt, und sofort wird ein heftiges Bremsmanöver eingeleitet. Die Maschine wird abrupt gestoppt. Zack, und die Sicherheitsgurte tun ihren Dienst. Tröstlich. Wir sind im Land des Donnerdrachens gelandet!

Alles ist wunderbar grün, kleine Dörfer schmiegen sich in die Hänge des Himalayas, und als die Flugzeugtüren geöffnet werden, können wir die klare, saubere Bergluft einatmen. Eine echte Wohltat nach der stickigen, schadstoffreichen Luft indischer Grossstädte.

«Welcome to Bhutan», empfängt uns der Zöllner des Immigrationsbüros. Eine so ganz andere Stimmung schlägt uns entgegen: Nichts von strengen, grimmigen indischen Bürokraten, sondern freundlich lächelnde Herren in der traditionellen Tracht Bhutans. Tut das gut! Wir werden von einem Fremdenführer und seinem Driver abgeholt und mit ersten Informationen über dieses wundersame Königreich mit der Bruttosozialglück-Klausel in der Verfassung versorgt. Im Bruttosozialglück sieht die Regierung eine Alternative zum Modell des Bruttosozialproduktes. Das bhutanische Glückskonzept fusst auf vier Säulen:

- ◆ nachhaltiges Wachstum,
- ◆ Erhalt der Kultur und Tradition,
- ◆ Schonung der Umwelt und
- ◆ gute Regierungsführung.

Und in der Tat: Ich erlebe die Menschen friedvoller, entspannter als in Europa, obwohl das Bedürfnis nach Selbstbestimmung und Konsum auch hier sichtbar ist. Junge Menschen tragen mehr und mehr westliche Kleidung und tippen auf ihren Smartphones herum. Bhutan ist eines der ärmsten Länder der Welt, im Vergleich mit anderen Ländern recht rückständig, aber es verfügt dank der traditionellen Lebensweise im Einklang mit der Natur und dem Buddhismus über unberührte Naturschönheiten und eindrucksvolle Tempelanlagen.

Unser Reiseführer zeigt uns als Erstes die Hauptstadt Thimpu. In dieser Stadt gibt es keine Lichtsignale, die den Verkehr regeln. Hier lassen die Automobilisten einander den Vortritt. Auf einer grossen Kreuzung regelt ein Polizist den Verkehr, doch viel häufiger grüsst er freundlich die Autofahrer, als dass er die Autos durchwinkt. Wenn ich unseren hektischen Lebensstil in Europa vergleiche, erstaunt es wenig, dass so viele Menschen an Burnout und anderen Stresserkrankungen leiden. Wozu machen wir uns eigentlich diesen Stress? Wem wollen wir etwas beweisen? Was treibt uns «Westler» so sehr an? Weshalb und wozu tun wir das?

Der Besuch des Tiger's Nest im Paro-Tal ist ein weiterer Höhepunkt. Es ist das berühmte buddhistische Kloster Taktshang auf einer Höhe von 3120 Metern. Es wurde 1692 erbaut. Das Kloster ist nur zu Fuss oder mit Maultieren erreichbar. Wer Markus kennt, weiss, dass es keine Frage ist, ob ich das Maultier zu diesem Zweck mieten darf. Satte drei Stunden marschierten wir steil – nein: sehr steil – auf winzigen Weglein aufwärts, ohne Pause, über Stock und Stein. Glücklicherweise bin ich in körperlich guter Verfassung. Ich denke immer mal wieder an den Kalorienverbrauch dieser Exerzitien. Eine schlanke Linie soll bekanntlich erstrebenswert sein. Wirklich? Um welchen Preis?

Die absolut bombastische Aussicht, die beeindruckende Klosteranlage, der monotone Singsang der Mönche, der schwere Duft der Räucherstäbchen: Ich bin sprachlos, und zwar nicht wegen des strammen Marsches. Das Ambiente lässt mich erschauern. Es berührt mich. Der freundliche Buddha lächelt auf mich herab, diese goldene Statue beeindruckt! Die vielen Opfergaben zu seinen Füssen ebenfalls. Menschen legen Biskuits hin, schenken

Äpfel und Münzen, Bananen und Selbstgestricktes. Die Ehrfurcht vor dem Göttlichen geht in unserer industrialisierten Welt leider fast vollständig verloren. Schade. Ich habe grossen Respekt vor den Menschen, die in dieser Abgeschiedenheit so bescheiden leben und beten. Was geht in einem Menschen vor, der das macht? Für mich als «Westler» kaum vorstellbar. Ich lese folgende Inschriften:

- *Auf schnelle Fragen gib langsam Antwort.*
- *Die Samen der Vergangenheit sind die Früchte der Zukunft.*
- *Da alles eine Reflexion deines Verstandes ist, kann dein Verstand auch alles verändern.*
- *Suche nicht nach der Wahrheit, hör einfach auf, über alles eine Meinung zu haben.*
- *Das, was du heute denkst, wirst du morgen sein.*
- *Meine Philosophie ist Freundlichkeit.*
- *Jedes Leben hat sein Mass an Leid. Manchmal bewirkt eben dieses unser Erwachen.*
- *Wer sich zu gross fühlt, um kleine Aufgaben zu erfüllen, ist zu klein, um mit grossen betraut zu werden.*
- *In der Wut verliert der Mensch seine Intelligenz.*

Die Legende sagt, dass im 8. Jahrhundert der Guru Rimpoche auf einem Tiger angeflogen kam und auf diesem Felsvorsprung meditierte. Im 17. Jahrhundert wurde an dieser Stelle ein Kloster gebaut. Mehrmals brannte das Gebäude ab, doch anhand schriftlicher Aufzeichnungen konnte die Anlage immer wieder originalgetreu aufgebaut werden.

Unsere Weiterreise führt uns über abenteuerliche Strassen und schwindelerregende Pässe nach Bumthang im Landesinnern. Hier sieht es beinahe aus wie in der Schweiz! Und wir treffen auf einen Schweizer! Es ist Fritz Maurer, ein Käsermeister. Der ältere Herr begrüsst uns in breitem Berndeutsch. Er hat gerade keine Zeit für uns, er ist beim Bierbrauen. Wie kommt es, dass ein Schweizer sich in diesem Land niederlässt? Hierzu schreibt An Lac Truong Dinh in der «Tageswoche» vom 12.12.2013:

Die besonderen Beziehungen zwischen der Schweiz und Bhutan gehen auf persönliche Kontakte zwischen dem bhutanesischen König und dem Schweizer Industriellen Fritz von Schulthess-Rechberg in den 1950er Jahren zurück. (...) Aus dem Kontakt entwickelte sich eine Freundschaft, die den Grundstein der Schweizer Entwicklungszusammenarbeit mit Bhutan legte. (...)

Der König will Schweizer Käse
Ende der 1960er Jahre begann die Familie von Schulthess, auf eigene Kosten schweizerische Fachkräfte nach Bhutan zu entsenden. 1971 wurde die Stiftung Pro Bhutan gegründet, die verschiedene kleinere Projekte durchführte – etwa den Aufbau einer Käserei nach schweizerischem Vorbild, weil sich der König das wünschte.

Fritz Maurer las ein Inserat in einer Schweizer Zeitung, dass der König von Bhutan einen Käsermeister sucht. Er bewarb sich, erhielt die Stelle – und ist in diesem

Land geblieben. Neben Schweizer Käse stellt er Bier her, betreibt sein «Swiss Guest-House» und produziert Honig.

Und Honig zieht Bären an. Wir sitzen mit Fritz am Tisch, unterhalten uns prächtig über seine ungewöhnliche Geschichte, über dieses wundersame Land und die Menschen, über den Volkssport Bogenschiessen und das Bruttosozialglück. Plötzlich fragt Fritz:

«Habt ihr auch Hunger?»

Ja, hatten wir. Seine knusprige Rösti schmeckt fabelhaft. Hmm, und das Ragout dazu: fantastisch. Höflich frage ich, von welchem Tier das Fleisch ist. Einfach so, aus Interesse. Nichts ahnend.

«Bärenpfeffer ist das.»

«Waaaaas? Bärenfleisch? Oh nein! Sowas kann ich nicht essen!»

«Iss einfach, es schmeckt.»

Nein, ich kann das nicht. Ich weiss, dass Bärenfleisch häufig von Trichinen befallen ist, und diese Parasiten lösen nicht nur Kopfschmerzen und Schwindel aus, sondern Erbrechen und Haarausfall. Und Bärenleber enthält so viel Vitamin A, dass man sich damit eine lebensbedrohliche Vergiftung einfahren kann. Nein danke! Ohne mich!

Fritz erklärt, dass er des Königs Erlaubnis erhalten habe, Bären zu schiessen, weil sie ihm den Honig stehlen. In einem buddhistischen Land ist so etwas sonst verboten. Detailliert schildert Fritz das Zusammentreffen mit diesen grossen, pelzigen Tieren und wie sie den Honig fressen. Und Honig nun einmal wichtig für die Bevölkerung Bhutans.

Die beiden Herren lassen es sich genüsslich schmecken. Auf Markus' Ermunterung hin zerkleinere ich widerwillig ein kleines Fleischwürfelchen, schneide es nochmals entzwei und nochmals, bis ein winziges Stückchen auf meiner Gabel liegt. Skeptisch führe ich es zum Mund. Wie soll ich den Geschmack beschreiben? Zart ja, ohne Fasern, ohne gallertartiges Fett, fast ein bisschen süsslich. Oder hatte dieser Bär Honig intus?

So genau will ich es gar nicht wissen. Ich trinke einen grossen Schluck Wasser, um das bisschen Fleisch möglichst schnell hinunterzuspülen. Ich vertraue auf meine Magensäfte, dass die das Nötige erledigen, um etwaige Parasiten abzutöten.

Ich nehme lieber etwas von dem feinen Käse und geniesse später im Hotel ein unglaublich schmackhaftes «Ema Datsi». Es ist das Nationalgericht und besteht aus weisser, grüner oder roter Chili, welches als Gemüse zubereitet wird, und einer Käsesauce aus Yak-Käse. Dazu wird Reis serviert: himmlisch-scharf, köstlich-belebend.

Die Sache mit meiner Hose

Ein interessantes Engagement in der Schweiz steht bevor: Ich darf an einem grossen Pflegekongress einen Vortrag halten. Die Frage nach dem Styling steht an. Was ziehe ich an, damit ich bei den Pflegefachkräften nicht als over- oder understyled ankomme? Statt des üblichen dunklen Hosenanzugs entscheide ich mich für eine edle Jeans, eine weisse Bluse und einen schicken Blazer. Das passt doch optimal zu dieser Veranstaltung, denke ich.

Gedacht, getan: Ich ziehe durch Edelboutiquen der Stadt und suche nach einer passenden, schicken Jeans.

Endlich werde ich fündig. Das gute Stück ist chic und shabby – und sündhaft teuer. Aber was soll's: Die löchrige Hose sitzt wie angegossen und passt zu meinem Style: ein bisschen Rock 'n' Roll.

In dieser superteuren Jeans fühlte ich mich total wohl, und entsprechend gut gelingt mir mein Vortrag. Grosser Applaus – und in der Kaffeepause gab es sogar Komplimente von Damen (!) für mein Outfit. Von Herren bin ich das eher gewohnt, aber von Damen? Normalerweise sind Ladies eher zurückhaltend, manchmal eifersüchtig oder neidisch. Weshalb eigentlich? Sind wir nicht alles Menschen, und jeder tut, wie er kann, mit dem, was er hat? Schade, dass Frauen gegenüber anderen Frauen oft wenig loyal sind und sich statt gegenseitig zu fördern, eher noch Steine in den Weg legen. Schade, einfach nur schade!

Zurück in Indien. Ich kann in unserem Hotelappartement nicht selber waschen, und so stopfe ich, wie jeder Hotelgast, meine teuren Designer-Jeans zusammen mit der schmutzigen Wäsche in den Wäschesack und stelle diesen vor die Tür. Am nächsten Tag wird die saubere Wäsche zurückgebracht. Ein praktischer und äusserst bequemer Service, den ich gern in Anspruch nehme.

So öffne ich die Wäschebox, nehme freudig meine Luxusjeans heraus – und mein Herz bleibt fast stehen: Alle, wirklich alle schicken Edellöcher wurden zugenäht! Richtig zugeflickt! Verwiefelt mit Baumwollunterlage! Neiiiin! Das darf doch nicht wahr sein! Was soll das? Meine teuren Edeljeans! Geflickt! Spinnen die?

Ich schnappe nach Luft, die Gedanken drehen sich, und ich bin völlig perplex. Da klingelt das Telefon. Der Bursche vom Laundry-Service ist am Apparat. Freudig teilt er mir mit, dass er meine kaputte Hose fachmännisch flicken konnte. Er sei stolz, mir diese freudige Nachricht persönlich mitteilen zu können, immerhin sei es ein ordentliches Stück Arbeit gewesen und nicht eben einfach. Sehr zeitintensiv. Sehr viel Arbeit. «Very difficult.»

Mir fehlen die Worte! Meine teuerste Lieblingsjeans ist zerstört, und der Typ will für diesen «Service» auch noch Trinkgeld? Das ist sowas von schräg! Wofür soll ich ihm danken? Ich bin stinksauer, lasse mir aber nichts anmerken. Der Boy «flickte» die Jeans in guter Absicht. Ja, doch was war noch mal das Gegenteil von gut? Nicht böse, sondern gut gemeint.

Andere Länder, andere Sitten. Was in Europa als «edel destroyed Jeans» sündhaft teuer verkauft wird, gilt in Indien als kaputte Hose.

Das Flickwerk meines Laundry-Boys war tatsächlich so solide, dass es nicht rückgängig gemacht werden konnte. Nicht einmal mit einer feinen Nagelschere konnte ich das Flickwerk zerstören. Die indische Art des Reparierens ist solide. Sehr solide. Nie wieder habe ich so viel Geld für eine «kaputte» Jeans ausgegeben.

Doch was war die Intention dieses Laundry-Boys? Er wollte mir einen Gefallen tun. Er wollte meine «kaputte Hose» reparieren, in bester Absicht. Es hilft manchmal, sich zu fragen, was denn die «Absicht» des Gegenübers ist, um nicht schimpfen zu müssen. Zuerst denken, bevor man beleidigende Worte formuliert! Sogar in Paarbeziehungen könnte man sich die Frage nach der Intention, nach der «Absicht» des Gegenübers stellen, bevor man reklamiert.

Mein Fazit:

Es gibt immer wieder Dinge, die uns gegen den Strich gehen. Martin Luther King Jr. pflegte zu sagen: «Die wahre Grösse eines Menschen erkennt man nicht in Zeiten der Harmonie und Behaglichkeit, sondern in Zeiten von Herausforderungen und Kontroversen.» Vielleicht üben wir künftig die Kunst, aus einer Mücke keinen Elefanten zu machen?

Frage an den Dalai Lama:
«Was überrascht Sie am meisten?»

«Der Mensch. Er opfert seine Gesundheit, um Geld zu machen. Dann opfert er Geld, um seine Gesundheit wieder zu erlangen, Und dann ist er so ängstlich wegen der Zukunft, dass er die Gegenwart nicht geniesst. Das Resultat ist, dass er nicht in der Gegenwart oder in der Zukunft lebt. Er lebt, als würde er nie sterben. Und dann stirbt er und hat nie wirklich gelebt.»

Kapitel 8

Dem Leben vertrauen

Markus und sein indischer Arzt

Da liegt er nun darnieder, mein lieber Mann. Nicht, dass der indische Killerkäfer ihn flachgelegt hätte, nein! Es war der Fitnesstrainer Parveen. Dessen eigenwillige Übungen waren inkompatibel zum Knochengestell meines Gatten. Ein veritabler Hexenschuss ist die Folge. Als medizinisch nicht unbegabte Frau versorge ich Markus mit einem Schmerzmittel, lege ihm warme Wickel auf den lädierten Rücken, serviere Tee und Cookies und versuche, ihn mit liebevollen Worten und sanften Massagen bei Laune zu halten. Ich rede ihm gut zu, erkläre ihm, dass nun Geduld, Ruhe und Entspannung angesagt sind und er sich nicht dagegen wehren soll. Es ist Samstagabend. Ein Videofilm soll ihm Ablenkung bringen: «Madame Mallory und der Duft von Curry».

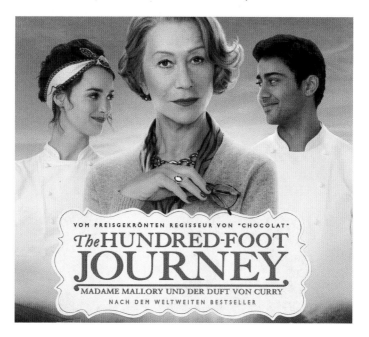

Es ist eine herrliche Komödie, die ich mir während eines Fluges von Indien in die Schweiz angesehen habe. Ich habe mir dann den Film gekauft mit der Idee, meinen Mann mit einem richtig entspannten Videoabend in Hyderabad zu überraschen. Die Geschichte handelt von dem talentierten Jungkoch Hassan, der sein Heimatland Indien verlassen muss. Mitsamt seiner Familie verschlägt es ihn in ein beschauliches Dörfchen im Süden Frankreichs. Ein perfekter Ort, um ein indisches Restaurant zu eröffnen und den Einheimischen die Welt der indischen Gewürze näherzubringen. Aber da bekommt Madame Mallory, die Besitzerin des nahegelegenen Sterne-Restaurants, Wind von diesem Vorhaben, und bald liefern sich die beiden Häuser einen kulinarischen Kleinkrieg. Zu guter Letzt erkennt Madame Mallory Hassans einzigartige Gabe, die Köstlichkeiten beider Kulturen zu verbinden, und nimmt ihn unter ihre Fittiche.

Diese locker-flockige Geschichte soll meinen leidenden Ehemann amüsieren und ihn seine starken Rückenschmerzen wenigstens zeitweise vergessen lassen. Denkste! Der Film ist top, aber die folgende Nacht flop: Die Schmerzen quälen Markus so sehr, dass er am nächsten Morgen – einem Sonntagmorgen – einen seiner Direktoren telefonisch kontaktiert.

Mister Harish ist ein gut ausgebildeter und kultivierter Inder aus reichem Haus. Er kennt Gott und die Welt, und offensichtlich hat er auch zu Rückenspezialisten einen guten Draht. Eine Stunde später kommt Mister Harish mit einem Neurologen, einem Inder, der viele Jahre in Grossbritannien und den USA an diversen Spitälern operierte. Er heisst Dr. Bhavin, was so viel bedeutet wie «der Lebende, der Gewinner». So hoffe ich, dass er seinem Namen Ehre macht und den Kampf gegen Markus' Schmerzen gewinnt. Dr. Bhavin untersucht den Rücken, testet Reflexe und die Kraft in den Beinen seines Patienten, klopft hier, klopft dort, drückt, mobilisiert, und Markus schreit jedes Mal vor Schmerzen auf. Das Gesicht von Dr. Bhavin wird fahl und fahler, wofür es bei einem dunkelhäutigen Menschen schon einiges braucht. Er runzelt seine Stirn, lässt Markus am Küchentisch Platz nehmen und öffnet sein Arztköfferchen.

Jetzt zückt er eine Spritze aus der Blechdose. Es ist eine steril verpackte Einwegspritze. Der nächste Griff gilt einer Ampulle. Er streckt sie mir hin.

«Open, please.» Streng schaut er mich an.

Wie bitte? Ich soll das Ding öffnen? Erstens: Was ist das für ein Präparat? Zweitens: Welche Wirkstoffe sind darin enthalten? Drittens: Ist das ein indisch-gemixtes Generikum vom Schwarzmarkt, der hier enorm blüht, oder ist es ein Original? Und vor allem: Was soll diese Medizin bewirken? Schliesslich gelangt sie in den Körper von Markus.

«What is it, this drugs?», frage ich Dr. Bhavin.

«Oh, very good! Very good medicine», meint er hoffnungsfroh.

Mutig will ich die Ampulle öffnen, aber keine vorgezeichnete Rille ist zu erkennen. Mit flinken Händen öffnet Dr. Bhavin die Küchenschublade, zielsicher greift er sich ein Messer (wieso weiss er, in welcher Schublade unsere Messer sind?) und streckt es mir entgegen.

«Open now. Immediately.»

Ich ritze das Glas der Ampulle an und breche die Spitze ab, Dr. Bhavin zieht die Flüssigkeit in die Spritze. Noch immer habe ich keine Antwort, um welches Medikament es sich hier handelt. Ich rede auf Markus ein, er aber gibt grünes Licht zur Verabreichung der Medizin. Er will einfach nur seine Schmerzen loswerden. Also sticht Dr. Bhavin zu – direkt in die Zwischenwirbel, Höhe L4/L5, allerdings mit der rosaroten Aufziehnadel! Autsch! Markus jault auf. Der Stich sitzt. Ich kenne es so, dass die Aufziehnadel, wie der Name sagt, zum Aufziehen des Medikamentes in die Spritze gebraucht wird. Danach wird sie entsorgt, und eine viel dünnere Nadel wird zum Spritzen verwendet, damit der Einstich nicht schmerzt. Dr. Bhavin kennt da nix. Hart im Nehmen, hart im Geben.

Doch siehe da: Das Medikament wirkt schon nach wenigen Minuten. Zwar noch gebückt, doch schon auf eigenen Beinen stehend, versucht Markus, sich aufzurichten. Dr. Bhavin gibt Anweisung:

«Let's now go to the hospital. I need a MRI.»

Markus, sonst der Entscheider, schleicht artig und gebückt dem Doktor nach.

«Slowly, slowly!», warnt Dr. Bhavin.

Vor unserer Hoteltür wartet der Chauffeur von Mister Harish in der Jaguar-Limousine. Vorsichtig setzt sich Markus in den Fond, Dr. Bhavin nimmt neben ihm Platz, und der Wagen rauscht ab. Ich stehe da, weiss nicht, wohin sie Markus bringen. Mister Harish telefoniert. Es dauert keine zehn Minuten, und ein grosser Porsche fährt vor. Mister Harish und ich steigen ein. Eine halsbrecherische Fahrt durch Hyderabad folgt.

«Der Fahrer hat wohl einen Kontrakt mit dem Hospital und will mich auch in die Klinik bringen – als Patientin», schiesst es mir durch den Kopf. Aber das täuscht. Sicher wie auf Schienen lenkt der Fahrer den Wagen um die engen, gefährlichen Kurven, braust über Kreuzungen und lenkt schliesslich den Porsche in ein ruhiges Quartier.

«Near Hospital», bekomme ich zur Antwort auf meine Frage, wo wir sind. Abrupt bremst der Fahrer, und wir stehen vor einem beinahe abbruchreifen Gebäude.

«A very good hospital», erwidert Mister Harish meinen skeptischen Blick. Wir steigen aus dem Luxuswagen und die fünf Treppenstufen empor, die Tür öffnet sich, und eine Willkommensdelegation begrüsst uns freudig. Markus und Dr. Bhavin sind umringt von weissgeschürzten Personen. Ob diese Leute Assistenzärzte, Oberärzte, Chefärzte oder Pfleger sind, ist für mich nicht ersichtlich. Wir werden alle von der Delegation in einen Warteraum begleitet, Markus immer noch leidend in gebückter Haltung, aber mit weniger schmerzverzerrtem Gesicht. Wasser wird gereicht. Es ist heiss. Ein wackelig aufgehängter Ventilator rotiert an der Zimmerdecke, Schweissperlen treten auf meine Stirn. Der schwere Geruch von Desinfektionsmittel liegt in der Luft, für mich ein gutes Zeichen, dass diese Leute hier überhaupt Desinfektionsmittel benutzen. Die Willkommensdelegation setzt sich zu uns. Nun öffnet sich die Tür, und nicht etwa ein hochrangiger Professor tritt ein, sondern der Marketingmanager des Spitals. Er greift sich einen Stuhl und setzt sich direkt vor Markus hin. Mit beiden Händen überreicht er ihm seine Visitenkarte.

«My name is Mr Deepak. I am the marketing manager of this private hospital. It is my pleasure to welcoming you, and I wish you a pleasant stay. I am convinced that we can relieve your pain.»

Gütig lächelt er. Deepak bedeutet «kleine Lampe». Ich bin gespannt, ob diese Lampe einen Lichtblick ins Dunkle der Schmerzen von Markus bringt.

Ich habe noch niemals ein Spital betreten, in dem mich der Marketingmanager persönlich begrüsst und mir einen angenehmen Aufenthalt gewünscht hat. Nun, indische Sitten sind halt anders. Aber so fühlt man sich nicht als Nummer, man wird nicht als Diagnose wahrgenommen, sondern als Mensch.

Nachdem sich auch die Willkommensdelegation vorgestellt hat – es handelt sich hierbei um den Spitaldirektor, den Chefarzt, den leitenden Arzt, den Chefradiologen, die Cheflaborantin und Professor Prakash, den

125

Rückenspezialisten –, wird Markus in einen separaten
Raum geführt, begleitet von der gesamten Delegation
inklusive Dr. Bhavin. Nur der Marketingmanager entfernt sich von der Gruppe. Ich bin nun mit Mister Harish allein im Wartezimmer. Es ist stickig, ein neuer
Wandanstrich ist überfällig. Wenigstens könnte man die
herunterhängende Tapete entfernen. In den Ecken ge-
deiht Schimmel, und der Bodenbelag aus grün-grauem
Linoleum wölbt sich. Mister Harish starrt auf das Dis-
play seines iPhones und spielt irgendwelche Games. Ich
bin nervös und wäre viel lieber bei Markus. Aber nix da:
kein Zutritt für Mrs Markus.

Endlich hat die Warterei nach gefühlten Stunden ein
Ende. Ich schaue auf meine Uhr: Es sind gerade einmal
15 Minuten verstrichen. Die Tür öffnet sich, Dr. Bhavin
und Prof. Prakash bitten mich ins Zimmer. Ich betrete
einen abgedunkelten Raum. Es dauert einen Moment,
bis sich meine Augen an das Dunkel des Behandlungs-
zimmers gewöhnt haben. Ein Stuhl wird mir angeboten.
Ich setze mich und staune nicht schlecht: ein hypermo-
derner Computertomograph, eine Apparatur für MRI
und einige Bildschirme stehen im Raum. Hinter einer
Glasscheibe erkenne ich Markus. Er liegt in der Röhre, Millimeter um Millimeter wird seine Wirbelsäule
fotografiert. Prof. Prakash und Dr. Bhavin setzen sich
zu mir und erklären mir die Bilder auf dem Bildschirm.
Ich erkenne die Wirbelkörper, die Zwischenwirbel und
– hier ist es – das Zentrum des Schmerzes: eine massive
Kompression eines Zwischenwirbels, Höhe L4/L5. Da
hat Dr. Bhavin wohl die mörderische Spritze an der richtigen Stelle angesetzt.

Keine weiteren Befunde. Es klopft jemand an die Türe, es ist die Cheflaborantin Mrs Dewi. Das heisst «hübsche Frau», und hübsch ist sie tatsächlich. Die langen, pechschwarzen Haare sind zu einem Zopf geflochten, das Gesicht wirkt geradezu schneewittchenhaft, den weissen Arztkittel trägt sie offen, in der Brusttasche glänzen zwei goldfarbene Kugelschreiber, unter ihrem Kittel blitzen Levis-Jeans und ein T-Shirt mit der Aufschrift «New York City» hervor, ganz westlicher Stil. Nur die Flipflops und die Ringe an ihren Zehen offenbaren, dass sie eine waschechte Inderin ist. Mrs Dewi legt ein Papier auf den Schreibtisch von Prof. Prakash. Dieser studiert die Kurven und Zahlen. Auf seinem modernen Büro-

stuhl rollt Prof. Prakash lautlos auf mich zu. Er erklärt mir die Laborwerte von Markus. Eine Entzündung liegt vor. Er dreht den Bildschirm zu mir und erklärt, dass die Kompression der Bandscheibe die starken Schmerzen ausgelöst hat, dass sich dadurch sämtliche Muskeln der Wirbelsäule verkrampften, und mit einer geeigneten Therapie das Problem bald gelöst sei.

Dr. Bhavin nickt und scheint sichtlich befriedigt zu sein, dass er richtig lag mit seiner Blickdiagnose. Prof. Prakash schreibt ein paar Medikamente auf einen Rezeptblock, mit einem gekonnten Schwung reisst er das beschriebene Blatt ab und übergibt es mir mit dem Auftrag, für Mister Markus diese Medizin zu beschaffen. Sofort.

«Yes, of course», antworte ich artig.

Wir werden von Prof. Prakash, Dr. Bhavin und dem Spitaldirektor hinaus begleitet. Ein Stockwerk tiefer – Markus und ich dürfen den Lift benutzen – steht die ehemalige Willkommensdelegation nun zum Abschied bereit.

«Thank you for your visit and a speedy recovery. We are always there for you.»

So ein Krankenhausbesuch bleibt unvergesslich. Die Freundlichkeit und Herzlichkeit der Angestellten, gepaart mit Hightech und Professionalität in einem nahezu baufälligen Gebäude: Incredible India!

Und siehe da: Die von Prof. Prakash verschriebene Medizin zeigt in kurzer Zeit Wirkung. Markus steht wieder aufrecht, ist schmerzfrei und trainiert schon nach fünf Tagen wieder im Fitnessraum. Diesmal ohne Trainer Parveen.

Vertrauen kann man lernen und Probleme lösen

Akzeptiere, was ist, lass los, was war, und hab Vertrauen in das, was wird. Was wäre geschehen, wenn Markus dem indischen Arzt nicht vertraut hätte?

Vertrauen ist eine bewusste Entscheidung. Man kann Vertrauen trainieren. Vertrauen zu können hilft unserem seelischen Wohlbefinden. Vertrauen ist Ausdruck einer intakten Beziehung, im Privaten wie im Job.

Was können wir tun, wenn Vertrauen missbraucht wird, wenn Angst aufkommt, wenn es Probleme gibt?

Für die meisten Probleme gilt: Das eigentliche Problem ist nicht so sehr die missliche Situation, sondern die Art, wie das Problem gesehen wird. Ein Problem hat viel weniger Macht über uns, wenn wir gedanklich und gefühlsmässig nicht in ihm bleiben.

**Ein Problem ist das,
was du dafür hältst!**

Wir können niemals alle Geschehnisse beeinflussen. Immer wieder einmal werden wir ins kalte Wasser fallen. Wir können Frustrationen nicht vermeiden, aber wir können lernen, die Zeit, in der wir frustriert sind, zu verkürzen. Beschäftigen Sie sich deshalb 10 Prozent mit dem Problem und 90 Prozent mit der Lösung:

- Lernen Sie, dass Probleme fast nie endgültig sind. «Das lässt sich ändern», sollte Ihre Devise sein.
- Lassen Sie nicht zu, dass das Problem alle Ihre Lebensbereiche beeinflusst. Wenn es in einem Bereich Ihres Lebens Probleme gibt, so ist deshalb ja

nicht das ganze Leben verpfuscht. Überbewerten Sie
Probleme nicht.

- Wenn ein Problem auftritt, müssen wir unsere Komfortzone verlassen. Daraus entstehen die grossartigsten Dinge im Leben. Wenn es Sinn unseres Lebens ist, zu lernen und zu wachsen, so sind Probleme gute Gelegenheiten zu diesem Wachstum. Anders gesagt: Probleme sind gute Gelegenheiten zu zeigen, was man kann.

- Oft fehlt uns die Fähigkeit, das ganze Bild zu sehen. Wir beschreiben vielleicht etwas als Katastrophe, weil wir nur einen kleinen Ausschnitt des Gesamtbildes sehen. Später erkennen wir oft, dass die vermeintliche Katastrophe das Beste war, was uns passieren konnte.

Vertrauen – bis wohin?

Es ist grossartig, wenn sich jemand einer Person anvertraut. Wir vertrauen in den Ferien darauf, dass der Nachbar die Pflanzen richtig giesst, die Katze regelmässig füttert und die Haustür danach wieder abschliesst. Ich bin gern und sehr bewusst vertrauensvoll, schenke Mitmenschen Vorschussvertrauen, weil es die zwischenmenschliche Atmosphäre mit Sorglosigkeit und Verlässlichkeit füllt und dies für gute Beziehungen notwendig ist.

Allerdings bin ich schon oft ausgenutzt und enttäuscht worden, aber wie sagt man so schön: Jede Enttäuschung ist eine Ent-Täuschung. Hat man sich täuschen lassen, so ist man der Wahrheit ein gutes Stück näher gekommen. Trotzdem vertraue ich immer wieder aufs Neue. Es bringt nichts, einer Sache nachzutrauern, die nicht

mehr zurückgeholt werden kann. Manchmal habe ich zwei oder drei Mal dieselbe Erfahrung machen müssen, bis ich es kapiert habe, manchmal genügte eine einzige Erfahrung, um von gewissen Ideen loszukommen.

Es ist der letzte Tag im Juli, und ich sitze im «Paris le Salon», einem Kosmetikinstitut inmitten des Nobelviertels Banjara Hills. Hier wohnen die Bollywoodschönheiten, die Schauspieler unserer lokalen Filmindustrie, die in den bekannten Telugu-Movies spielen, hier residieren die Reichen und Schönen von Hyderabad. Schicke Villen reihen sich aneinander. Mit strenger Miene sitzen die indischen Security Men auf ihren wackeligen Plastikstühlen vor den reich verzierten Toren und schützen die Residenzen vor Eindringlingen jeder Art. Das können Diebe sein, aber auch streunende Hunde, im Dreck wühlende Schweine, kecke Ziegen oder heilige Kühe.

Meine Gesichtshaut hat in den letzten Monaten ziemlich gelitten. Dreck und Staub Hyderabads, die ungewohnten und zum Teil höllisch scharfen Gewürze lassen Pickel spriessen, der komplett andere Lifestyle, die gleissende Sonne, die vielen Stunden in der trockenen Flugzeugluft. Mein Gesicht schreit geradezu nach Feuchtigkeit und Pflege. Und morgen wollen Markus und ich nach Delhi fliegen. Wir folgen der Einladung zur 1.-August-Feier in die Schweizer Botschaft. Als Auslandschweizerin freue ich mich doppelt auf diesen grossen Tag. Landsleute treffen, sich in Schweizerdeutsch unterhalten, hören, wie andere Schweizer dieses Land erleben, welche Hürden sie überspringen, welche Fettnäpfe es zu meiden und welche Regeln es zu beachten gilt. So eine Einladung ist nicht nur eine wunderbare Abwechslung, sondern etwas, wonach ich lechze: ein richtig währschaftes Schweizer Essen und lüpfige Heimatklänge. Eine passende Gelegenheit, um mein Gesicht einer kosmetischen Revision zu unterziehen.

Für das Team des «Paris le Salon» bin ich die erste europäische Kundin. Begeistert beäugen sie mich, kichern und berühren meine Hände, Arme und das Gesicht, Wangenklemmen inklusive. Inderinnen lieben eine weisse Hautfarbe. Sie gilt als edel.

Meditative Klänge ertönen, schwere Gerüche nach Weihrauch und Patchouli, Amber und menschlichen Ausdünstungen umkreisen meine Nasenlöcher und lösen einen starken Niesreiz aus. Nun ja, sie brauchen dieses Räuchern bei ihrem übermässigem Zwiebel- und Knoblauchkonsum. Voller Hingabe widmet sich Kosmetikerin Dushilla meiner strapazierten Gesichtshaut. Mit einem scharfen Tonic reinigt sie mein Gesicht, drückt, quetscht, entfernt mittels Nähfaden die überflüssigen

Brauen-Härchen. Schnell, schmerzhaft, radikal. Jetzt das Peeling: porentief, kein Hautschüppchen bleibt zurück. Ich sehne das Ende dieser rabiaten Prozedur herbei. Endlich legt Dushilla eine wohlriechende, beruhigende Maske auf. Während der Einwirkungszeit bekomme ich eine Hand- und Fussmassage. Herrlich, dieses Verwöhnprogramm! Ich entspanne tief. Mit Ausdauer und äusserst kräftigem Fingerdruck, sogar mit den Fingerknöcheln massiert sie meine Füsse. Bisweilen eine schmerzhafte Behandlung, die aber wohltuende Spätwirkung haben soll. Sie zieht an meinen Zehen, reibt und drückt und quetscht jede Faser meiner Füsse. Himmlisch-höllisch.

Und ich spüre, wie meine Gesichtsmaske wirkt. Meine Haut zieht immer straffer. Donnerwetter, das ist mal eine Maske! Und das Nachbrennen, wirkt hier noch das Tonic? Nun denn: Augen zu und durch. Schliesslich will ich morgen beim Botschaftsempfang gut aussehen.

Jetzt werden die Hände geknetet, die Handinnenflächen massiert und jeder Finger einzeln mit Mandelöl behandelt. Die Nagelhaut, die Fingerkuppen, alles wird samtweich. Fantastisch! Mein Gesicht juckt. Ist ja klar, weil Dushilla sämtlichen Unreinheiten auf die Pelle gerückt ist. Und nun entfaltet die hochwirksame Maske ihre Kraft. Ich spüre deutlich, wie das Zeug wirkt.

Jetzt trägt Dushilla mit kühlen, wassergetränkten Watterondellen die Maske ab. Gott sei Dank, es brennt und zieht, keine Prozedur für Weicheier. Dushilla wischt die aggressive Beize von meinem Gesicht und stellt entzückt fest, dass mein Gesicht nun herrlich durchblutet ist.

Weiter geht's. Die Augencreme wird jetzt mit heftigen Klopfbewegungen von der Schläfe gegen die Nasenwurzel in die Haut gehämmert. Sämtliche Moleküle, die sich in der Creme befinden, werden auf diese Weise ganz sicher aufgespalten und können wirken. Ich muss Dushilla bremsen, damit sie mir nicht zu sehr auf den Augenlidern herumdrückt.

Dushilla möchte mich jetzt mit Make-up verschönern, doch dankend lehne ich ab. Vom langen Liegen schmerzt mein Kreuz. Die Behandlungsliege war doch etwas zu hart. Die empfindlich heruntergekühlte Raumtemperatur lässt mich frösteln. In der Schweiz wird man mit einer Wolldecke zugedeckt, nicht so hier. Frieren verbraucht ein paar Extrakalorien, rede ich mir gut zu, und freue mich auf die Hotelterrasse, wo ich mich wieder aufwärmen kann. Ich bin froh, dass meine Schönheitsbehandlung nun abgeschlossen ist. 1000 Rupien, umgerechnet knapp 15 Schweizer Franken, kostet mich die zweieinhalbstündige Behandlung. Ein Schnäppchen.

Ich wärme mich im Hotel mit einem heissen Tee auf. Markus kommt, und gemeinsam gehen wir zur Executive Lounge. Ein kleines Buffet mit warmen und kalten Snacks wird wunderschön präsentiert und lädt zum Schlemmen ein. Markus und ich bedienen uns, und als wir in den üppigen Sesseln Platz nehmen, fragt mich Markus, was denn mit mir passiert sei. Ich würde ein wenig fleckig aussehen, und meine Wangen hätten eine tiefrote Farbe. Fieber? Ich schelte ihn einen Unwissenden, kläre ihn aber nachsichtig auf, dass sich die Wirkung meiner indischen Gesichtsbehandlung erst morgen voll entfalten werde, und entspannt geniessen wir das Zusammensein bei Speis und Trank.

In der Nacht wache ich auf. Mein Gesicht brennt. Es brennt nicht nur, es juckt, und wenn ich es berühre, reagiert es äusserst empfindlich. Ich kratze trotzdem, aber das verschafft mir keine Linderung. Ich verlasse mein weiches Bett und taste mich durch die Dunkelheit zum Bad. Ich drehe den Wasserhahn auf und kühle mein Gesicht. Ich sehe in den Spiegel – und mich trifft der Schlag! Mein Antlitz ist knallrot, aufgedunsen, und dicke Eiterpusteln verteilen sich auf Stirn, Wangen und Kinn. Sogar auf dem Dekolleté spriessen riesige Pickel. Was ist das?

Schockiert starre ich mich an. In meiner kleinen Reiseapotheke suche ich hektisch nach irgendeiner beruhigenden Creme, nach einer antiallergischen Tinktur, nach einer hautberuhigenden Pille, nach irgendetwas, das mir helfen kann, meinen gewaltigen Hautausschlag wegzu-

bekommen. Ich schmiere und salbe, lasse kaltes Wasser über mein heisses Gesicht fliessen und muss mir eingestehen, dass dies nach einer allergischen Reaktion aussieht und nicht so schnell beseitigt sein wird. In diesem Zombie-Look soll ich mich der Gesellschaft zeigen? Und ausgerechnet in der Schweizer Botschaft?

Na klar: Markus schläft ganz entspannt, sein Atem geht regelmässig. Ich schlüpfe wieder ins Bett und ziehe mir die Decke hoch bis zum Hals. Abwärts vom Hals friere ich, oberhalb brennt mein Gesicht. Ich falle in einen unruhigen Halbschlaf, und unschöne Träume begleiten mich bis zum Morgengrauen.

Ein Morgen-Grauen, ja, das ist es in der Tat. Jetzt für meinen Ehemann:

«Uiiii, wie siehst du denn aus?»

Ein ganz mulmiges Gefühl ergreift mich. Ich schleiche ins Badezimmer und wage einen erneuten Blick in den Spiegel. «Mein Gott», entfährt es mir. Ich erkenne mich kaum selbst. Dem Schock bei Tageslicht folgen dicke Krokodilstränen, sie kullern über meine Wangen.

«Ich glaube, es ist eine Allergie», schluchze ich.

Ich fühle mich grauenhaft, elend und einfach nur schlimm. Es ist nicht nur mein völlig entstelltes Gesicht, sondern auch das Brennen und Jucken auf meiner Haut. Das ist nicht nur unangenehm, sondern verursacht Schmerzen. Der schöne Abend ist gelaufen.

Aber Markus kennt kein Pardon: «Du kommst mit mir nach Delhi. Ohne dich reise ich nicht!»

«Aber mit diesem Gesicht ...»

Wer Markus kennt, weiss, dass ich keine Chance habe: «Wir fliegen! No discussion! Und wenn es morgen nicht besser aussieht, bringe ich dich ins Apollo-Hospital zum besten Dermatologen Hyderabads. Punkt.»

Auf Markus ist Verlass, das weiss ich. Dennoch schäme ich mich extrem, so entstellt an der Schweizer National-feier in der Botschaftsresidenz in Delhi teilzunehmen.

«Ach herrje!», entfährt es der Ehefrau des Botschaf-ters. «Haben Sie sich einer kosmetischen Behandlung in Indien unterzogen?»

«So ist es», antworte ich knapp und zerknirscht. Bot-schaftsangestellte beäugen mich, Gelächter ertönt.

«Genau dasselbe ist mir in Indien auch passiert», ruft eine Sekretärin in breitem Basel-Dialekt. «Die Cremes und Salben hier sind allesamt mit Whitener angereichert – Aufheller! Die indischen Damen wünschen einen mög-

lichst hellen Teint. Trösten Sie sich. Es ist wie eine Schäl-
kur. Nach einer Woche ist der Spuk vorbei. Möglicherweise. Wenn Sie Glück haben. Viel Glück.»
Mitten im tiefen Indien werde ich zu einer echten Patrio-
tin! Voller Inbrunst stimme ich in die Schweizer Natio-
nalhymne ein: «Trittst im Morgenrot daher, seh' ich dich
im Strahlenmeer, dich, du Hocherhabener, Herrlicher!
Wenn der Alpen Firn sich rötet, betet, freie Schweizer,
betet!» Die Ansprache des Bundespräsidenten wird auf
Grossleinwand übertragen, es gibt Hörnli mit Ghack-
tem, Raclette und fruchtige Weine aus dem Wallis. Kinder formieren sich auf dem gepflegten Rasen der Botschaftsresidenz zu einem Lampionumzug, Schweizer
Handörgelimusik ertönt, der Zofinger Marsch wird gespielt, es wird gelacht, diskutiert, Erfahrungen werden
ausgetauscht und indische Erlebnisse zum Besten gegeben. Beim Zuhören der lustigen, teils kuriosen Storys

habe ich fast mein entstelltes Gesicht vergessen. Aufgekratzt, voller neuer Eindrücke und mit einigen Visitenkarten in der Handtasche lassen wir uns zu später Stunde ins Hotel fahren.

Hätte ich im Beauty-Salon misstrauischer sein sollen? Hat das überhaupt mit Vertrauen zu tun? War es einfach meine Unbekümmertheit? War ich zu wenig kritisch? Ich war so sehr erleichtert, als ich über die Ursachen aufgeklärt wurde. Ich hätte vorsichtiger sein können. Aber wie merkt man, dass Gefahr droht? Ich will doch nicht jeden Einkauf, jedes Angebot hinterfragen. Das Leben hier in Indien ist schon schwierig genug.

Eines ist mir klar geworden: Ich möchte lieber ein paar Mal durch einen Fehler lernen, als keine Fehler zu machen. Das hat mit Vertrauen zu tun. Wer nämlich aus Angst vor Fehlern und Intrigen jeder Gefahr aus dem Weg geht, muss dauernd mit Leibwache und Panzer herumlaufen. Dann aber wäre alle Lebendigkeit, jede Leichtigkeit weg, ausgeträumt. Es gäbe keine aufregenden Erlebnisse mehr, keine Überraschungen, keine Begegnungen mehr mit Einheimischen, denn der Argwohn würde jeden Kontakt von vornherein berechnend und kalt werden lassen.

Mein Fazit:

Ohne Vertrauen gibt es keine Liebe. Und Vertrauen braucht man nicht nur in Ehen, sondern es ist unverzichtbarer zwischenmenschlicher Kitt.

**Man empfängt Menschen nach dem Kleide
und entlässt sie nach dem Verstand.**

Karl Simrock

Kapitel 9

Vertrauensaufbau auf Indisch

Trommeln für Ganesha

Wie bauen wir in Indien ein Vertrauensverhältnis zu den Einheimischen auf? Ein nicht eben einfaches Unterfangen. Das ist vor allem die Sache meines Mannes, weil er es ist, der sich vornehmlich «draussen» bewegt. Ich habe nur sehr geringe Kontaktmöglichkeiten.

Ich begleite Markus gern zu den vielen Feiern und Festen, Empfängen und Konzerten, allesamt sehr bunt, sehr laut. Es gibt keine Apéros und Häppli wie in der Schweiz, sondern Feste mit Priestern und Tempelbesuche zu Ehren indischer Götter. Wenn der spirituelle Teil mit Räucherstäbchen, Kokosnüssen und Priestern vorbei ist, geht die Post ab: Donnerwetter, können die Inder feiern! Da wird getanzt, was das Zeug hält. Männer tanzen in einem Männergrüppchen, und wenn ausnahmsweise einmal Frauen mit dabei sind, tanzen diese auf der anderen Seite des Saales mit ihresgleichen. Elegant und Tempeltänzerinnen gleich, verrenken sie ihre Finger und bewegen ihre Lippen zum Sound der indischen Musik. Gern wird gekichert, gelacht, und die pure Lebensfreude ist spürbar. Die Männer kreisen mit den Hüften, meistens wackelt der dicke Bauch gleich mit, sie reissen die Arme in alle Himmelsrichtungen, verdrehen die Augen im Takt der Bollywoodmusik, und der Schweiss tropft ihnen über das Doppelkinn auf das Polyesterhemd. Keinen stört's. Der Gebrauch eines Deodorants ist nicht üblich.

Angeblich gibt es über eine Million indischer Götter, und deshalb gibt es immer etwas zu feiern. Wir kommen daher nicht darum herum, uns mit dieser Götterwelt zu befassen. Die Religiosität der Inder ist allgegenwärtig und Bestandteil ihrer Kultur. Es wäre ein Affront, sie nicht zu beachten. So versuche ich immer wieder, mich auf diese Kultur einzulassen.

Es ist der 27. September. Das Ganesha-Chaturthi-Fest erreicht seinen Höhepunkt. Hier in Hyderabad ist die Luft schon seit zehn Tagen erfüllt von heissen Trommelwirbeln und monotonen Puja-Gesängen der Priester. Das geht vom Sonnenaufgang bis um Mitternacht – ununterbrochen. Für ein westliches Ohr ist das eine ziemliche Herausforderung. Dabei ist der Lärmpegel der Acht-Millionen-Stadt ohnehin schon gewaltig, nicht nur wegen der Hupkonzerte, sondern auch wegen der unzähligen Metro-Baustellen in der Stadt. Ignorieren hilft nicht, da ist es schon besser, wenn man mitmacht, anstatt sich sinnlos dagegen aufzulehnen.

Eigentlich wird alles gefeiert: Kommt der erste Monsunregen, flippen die Menschen aus und tanzen auf der Strasse. Hat das Kind eine gute Schulnote erreicht, lässt der stolze Papa seine Kollegen durch honigtriefende Süssigkeiten, überzogen mit Goldpatina, teilhaben. Der erste Weg mit dem neuen Fahrzeug führt zum Tempel, um das Vehikel segnen zu lassen – und dann wird natürlich tüchtig gefeiert. Das Fahrzeug ist nachher schön klebrig vom Kokossaft, der darüber gespritzt wird. Auch anlässlich der vielen Veranstaltungen der Firma meines Mannes wird tüchtig gefeiert. Dann werden alle, wirklich alle Reserven mobilisiert und abgetanzt, was das Zeug hält. Männer unter sich, Indien ist eine Männergesellschaft. Frauen fristen ein Schattendasein. Auch ich als «Westlerin» erfahre das immer wieder, obwohl ich als «Mrs Markus» in einer privilegierten Position bin.

Bum bubum, bum bubum, bum bubum – die Trommeln wecken mich aus meinen Gedanken, holen mich ins Hier und Jetzt zurück. So tauche ich ein in die wogende Menge an Menschen, die sich vor einer Ganesha-Statue einige Meter vor unserem Hotel ansammelt. Die Luft ist heiss, stickig, der Lärmpegel unerträglich. Das Gedränge nimmt einem den Atem, aber auch die nach diversen Ausscheidungen riechenden Männer. Interessanterweise sind ausschliesslich Männer und Kinder hier. Und ich. Ich werde bemerkt. Als blonde Frau mit blauen Augen ist es unmöglich, in Indien nicht aufzufallen.

Ich werde angestarrt. Mache ich etwas falsch? Ich weiss es nicht. Sind keine Frauen zugelassen? Oder sollte ich mir auch Farben ins Gesicht schmieren oder barfuss gehen? Meine Kleidung ist angemessen, weder High Heels noch zerrissene Edeljeans im Western-Style, kein roter Nagellack, nur die Lippen äusserst dezent rosa geschminkt. Ich bemühe mich stets, mich diesem Land und den Leuten mit ihrer Kultur anzupassen, ohne mich selbst zu verbiegen. Die Situation wird für mich zusehends unangenehmer, fast schon unheimlich. Begafft zu werden wie ein Ausserirdischer aus einer Bollywood-Science-Fiction – ich mache mich auf und davon, um das Spektakel von der Hotelterrasse aus zu verfolgen.

Das rhythmische, immer gleich tönende, durchdringende Getrommel hämmert durch die schmalen Quartiergassen bis zu unserem Balkon hinauf. Was ist das für ein Fest? In Hyderabad soll es 92 000 Ganesha-Figuren geben, die extra für dieses Fest hergestellt wurden. Kunstvoll verziert, in reiner Handarbeit. Gips- und Lehmfiguren aller Grössen, von wenigen Zentimetern bis zu einigen Metern, werden bereits Monate vor dem Fest gefertigt, aber erst am ersten Festtag reich geschmückt und von Priestern geweiht. Dann wird ihnen tagelang gehuldigt, und es werden Opfer dargebracht.

Am letzten Tag werden die Ganesha-Figuren in einer fröhlich-bunten Prozession mit Musik und Tanz zum Fluss oder ans Meer getragen und dort versenkt, um Ganesha symbolisch zu seiner Reise in sein Domizil am Kailash zu verabschieden. Mit ihm soll dann auch alles Unglück verschwinden. In Hyderabad wird der im Jahre 1562 künstlich angelegte Hussain-Sagar-See dafür benutzt. Er hat eine Tiefe von 32 Fuss, ist also nicht sonderlich tief. So gibt es denn auch Probleme, wenn all die Gips- und Lehmfiguren im See versenkt werden. Die Gewässerverschmutzung ist ohnehin schon ein grosses Problem für unsere Stadt. Nach diesem Festival wird es noch akuter wegen der vielen chemischen Farben, die für die Bemalung der Ganeshas benutzt werden. Rund um den See stehen daher Kräne und Lkws bereit, um die Figuren möglichst schnell wieder herauszufischen.

Ganesha-Figuren

Sonderbare Musik

Essen und Trinken sind ein wichtiger Bestandteil des Festes. Sehr gern essen die Leute die süssen Modaks. Die runden Dinger sehen fast aus wie Pferdeäpfel, allerdings sind sie etwas kleiner, extrem süss und klebrig. Modaks werden aus Reismehl hergestellt und mit einer Füllung aus Kokosnuss, sehr viel Palmzucker und Trockenobst veredelt. Beim Reinbeissen trieft dann der Palmzucker heraus und wird mit genussvollem Schlürfen eingesaugt. Das dazu gereichte Getränk ist nicht weniger süss. Panakam besteht aus Wasser, Palmzucker, getrocknetem Ingwer, schwarzem Pfeffer und Kardamom. Während der Festivitäten opfert man dem Ganesha auch gern Vadapappu (eingeweichte Linsen oder Mungbohnen) oder Chalividi (eine Art Reispudding) oder Palathalikalu (Reisnudeln in süsser Milch). Wenn schon für Ganesha gekocht wird, isst die Familie gern dasselbe Menü.

Das Fest ist nicht nur sehr laut, bunt und extrem populär, sondern es ist auch ein fröhliches Fest. Viele Gemeinden versammeln sich, um gemeinsam zu feiern. Profitieren können die vielen Armen. Es gibt in den zahlreichen Festzelten gratis medizinische Check-ups, es gibt Wohltätigkeitsveranstaltungen, Filmvorführungen und Theaterspiele. Bum bubum, bum bubum, bum bubum. Ununterbrochen werden die Trommeln geschlagen, tanzen die Männer und Kinder. Ein Volksfest sondergleichen.

Inder können sich ein gutes Karma kaufen, wenn sie einen Tempel bauen oder Geld für Tempelfiguren spenden. Markus und ich sind dabei: Wir haben den Rüssel und die Beine für den Ganesha im Tempel einer Zement-

fabrik gespendet, aus qualitativ hochwertigem Silber, eine ziemlich kostspielige Angelegenheit. Wir hoffen, dass sich die Investition lohnt – für das gute Karma.

Die Zeremonie für die Silberteile war eine ganz grosse Sache, sehr feierlich, sehr mystisch, sehr ausgiebig. Das bedeutet stundenlanges unbequemes Sitzen auf dem Fussboden und wie die Zen-Mönche darauf achten, dass der Rücken gerade bleibt. Von grossen, pechschwarzen Ameisen, die in hohem Tempo auf einen zukrabbeln, darf man sich nicht irritieren lassen. Dazu ertönt diese Musik, alles dauert endlos, und es klingt wie das Wimmern verirrter Tiere. Dann die Butterlampenzeremonie: Ich bekam einen Punkt auf die Stirn, das bedeutet, dass die Götter hochenergetisch in dem Punkt wohnen. Schliesslich musste ich dann noch mit dem Kuhschwanz wedeln. Das alles weckt Vertrauen, denn die Firma knüpft an indische Traditionen an. Die Arbeiter dürfen selbstverständlich ihre Gebetszeiten und Traditionen einhalten.

Einmal müssen wir im Rahmen einer Veranstaltung gefühlte vier Stunden in einem indischen, nicht klimatisiertem Konzertsaal auf sehr wackeligen Stühlen aushalten. Ein berühmter indischer Musiker lullt uns mit seinen psychedelischen Klängen ein. Er und seine Band sitzen hoch oben auf der Bühne auf dem Boden. Die Musiker zupfen virtuos an den Instrumenten, ein meditativer Singsang und ein monotones Trommeln unterstreichen die transzendente Ambiance, die Musiker schliessen die Augen und lauschen ihrer Musik. Markus kämpft gegen Schlafattacken. Ich versuche, mit sanften Rippenstössen gegen sein Schlafbedürfnis anzukämpfen. Diesen Kampf habe ich verloren, er kippt gegen meine Seite. Die Menschen glauben, er sei derart entzückt von den flirrenden Sitarklängen, dass er in höhere Sphären schwebt.

Mir ist die Situation irgendwie peinlich, und ich empfinde sie als sehr anstrengend. Ich höre ein Konzert, dessen Musik ich nicht verstehe, aber ich applaudiere lächelnd. Warum? Sollte ich nicht einfach ehrlich sein und sagen, was ich denke? Sollte ich nicht klipp und klar zeigen, dass ich mit dieser abgehobenen, transzendentalen Musik nichts, aber auch gar nichts am Hut habe, und das Konzert verlassen? Markus könnte sich zu Hause ausruhen, und ich könnte mich diesem fremden Singsang entziehen. Sei authentisch, würden mir viele Europäer raten. Doch nein. Aus Respekt vor der Andersartigkeit einer fremden Kultur stelle ich mich dieser Situation. Vertrauen bildet sich nicht bei offensichtlicher Egozentrik. Vertrauen verlangt ein «Sich-Einlassen» auf die andere Welt, die andere Kultur und andere Denkweisen. Ich meine damit nicht, blindlings alles anzunehmen.

Nein. Man kann durchaus sein Eigenes bewahren und dennoch interessiert sein an der Andersartigkeit.

Später erfahre ich, dass diese indische Musikformation von John McLaughlin gegründet wurde, «Remember Shakti» heisst, Konzerte in der ganzen Welt gibt und grosse Popularität nicht nur in Indien geniesst.

Mein Fazit:

Wir müssen lernen, unsere teilweise völlig absurden, verkrusteten Denkweisen und Überzeugungen zu hinterfragen, wollen wir uns den Herausforderungen des Lebens stellen, uns weiterentwickeln oder Vertrauensverhältnisse aufbauen. Ein offener Blick, ein echtes Interesse am Mitmenschen und ein kritisches Hinterfragen der eigenen Wahrnehmung können sehr wohltuend sein.

Mutter Teresa sagte einmal: «Wenn du über andere urteilst, hast du keine Zeit, sie zu lieben.»

Wir sind leicht bereit, uns selbst zu tadeln, unter der Bedingung, dass niemand einstimmt.

Marie von Ebner-Eschenbach

Kapitel 10

Über den eigenen Schatten springen

Spannend, bis es spannt

Jetzt kommt die Hitzewelle über Hyderabad. Sie liegt bleiern schon über dem frühen Tag. Wir sind heute mit unserem Driver im Auto unterwegs zur Baustelle der zweiten Fabrik. Satte drei Stunden Abenteuer pro Weg. Die Fahrt ist wie ein Ritt auf einer schienenlosen Achterbahn. Mit Hupkonzert und mindestens 80 Sachen durch ein kleines Dörfchen preschen: Rette sich, wer kann! Die Hühner jagen davon, die Schweine bringen sich schleunigst in Sicherheit, Kühe, Ziegen und Menschen räumen den Weg. Die unzähligen Strassenhunde aber stehen einfach bockstill, schauen und warten. Sie wissen wohl, dass der Fahrer – hoffentlich! – im letzten Moment einen waghalsigen Schwenker macht.

Und was tut mein geliebter Ehemann während dieser Raserei? Er geniesst die Zeitung. Passend zur Höllenfahrt liest er mir daraus vor:

- Kleinkind mit Hündin verheiratet, um einen bösen Fluch abzuwenden.
- Tote Eidechse in Schulmahlzeit, 42 Kinder wurden ins Spital eingeliefert.
- Selbstmord wegen Horoskop: Ein 25-jähriger Student tötet sich selbst, nachdem ihm seine Astrologin eröffnet, dass er wahrscheinlich auch in neun Jahren noch keine Frau gefunden haben wird.
- Mann tötet Töchter für Kali. Die Göttin sei ihm im Traum erschienen und habe dieses Opfer von ihm verlangt.
- Der Bundesstaat Maharashtra nimmt mit 4328 Selbsttötungen pro Jahr Platz 1 bei den Bauernsuiziden ein.

Ich frage Markus, ob er jetzt mehr Vertrauen in seine indischen Mitarbeiter hat.

«Nein, aber ich weiss jetzt, wie wichtig es ist, dass wir ihnen anständige Mahlzeiten in der Kantine anbieten und dass ihre Kinder unsere hauseigene Schule besuchen können. Kinder auch aus abgelegenen Dörfern haben dort die Möglichkeit, dank des Jobs ihres Vaters eine gute Schule zu besuchen und sogar die englische Sprache zu erlernen.»

Markus hat ein weites Herz und ermöglicht den Angestellten den Familiennachzug in die Fabriksiedlung. Da werden keine Abstammungsurkunden verlangt, kein Leumundszeugnis, kein Kontoauszug. Die Arbeiter ohne Ausbildung dürfen auch mal die gleiche Arbeit erledigen wie die Diplomierten, mit den gleichen Ausrüstungen und Hightech-Maschinen. Und siehe da, es geht! Die Firma bezahlt zudem für alle Mitarbeiter und deren Familien eine Krankenkasse, und alle werden vom Firmenarzt gratis untersucht. Das ist für die allermeisten Inder purer Luxus.

Incredible India. Ich habe es so gut im Vergleich zu den vielen indischen Frauen, die keine Freiheit und Selbstbestimmung kennen, die erschossen werden, weil sie Wasser aus dem falschen Brunnen geschöpft haben. Ich habe es so viel besser als jene Frauen, die grundlos verdächtig werden, Ehebruch begangen zu haben. Sie werden oft grausam umgebracht. Der Mord wird gern als Unfall dargestellt. Vergewaltigungen gibt es viele, und die Männer kommen meist ungeschoren davon. Es heisst dann, die Frauen seien selber schuld.

Wieder einmal ist ein hungriger Tiger aufgetaucht, hat aber dieses Mal niemanden verletzt. Dann liest man von einem Bahnunglück, überfüllte Busse kippen um, Hunderudel fressen ein Baby. Und natürlich die Ehrenmorde. Oder dass Eltern ihre Kinder verstümmeln, weil sie als verkrüppelte Bettler mehr einbringen. Auf der anderen Seite: unendlicher Reichtum.

Das macht das Leben hier spannend, manchmal so sehr spannend, dass es spannt und ich vorsichtig sein muss, dass es mich nicht zerreisst. Ich würde mir wünschen, dass jeder Mensch wenigstens Zugang zu einer Toilette hätte. Und dann die Tage der Tieropfer der muslimischen Bevölkerung. Vier Millionen Muslime leben in Hyderabad. Anfang September werden viele, viele Schafe und Ziegen geschlachtet. Überall werden lebende Tiere zum Verkauf angeboten, nur um dann getötet zu werden. Die Luft riecht nach Blut und verbrannten Haaren. Ich reise in dieser Zeit gerne nach Europa. So muss ich diese Schlachterei nicht jeden Tag mitansehen,

das Schreien der Tiere nicht mitanhören, den Tod in der Luft nicht riechen.

Wenn ich in dieser Zeit verreisen kann, lässt das mein strapaziertes Nervenkostüm wieder regenerieren. Psychohygiene heisst für mich, bewusst nicht alles sehen wollen, nicht alles konsumieren und nicht alles schlucken, was sich an schädlichen Einflüssen anbietet. Das benötigt eine bewusste Entscheidung und das Wissen um die Wirkung solcher Einflüsse. Gewaltdarstellungen in Filmen zähle ich auch dazu. «Unterhaltung», um das Volk unten zu halten? Ich entziehe mich diesem Horror ganz bewusst. Ich will mein Hirn und mich nicht damit vergiften.

Es ist so schwierig, immer wieder über seinen eigenen Schatten zu springen. Wie soll ich mich zurückhalten, wenn ich das Gemetzel an Opfertieren am liebsten unterbinden möchte. Meine Liebe zu Tieren kann ich doch nicht einfach abstellen. Aber ich kann nicht alle Strassenhunde füttern und alle Tierarztrechnungen bezahlen. Ich muss Prioritäten setzen, und ich muss gewaltig über meinen Schatten springen, der so gern schenkt. Nicht-Schenken-Können ist für mich etwas Abartiges.

Es gibt aber noch andere Schatten, über die ich hinauswachse. Ich denke an die wenigen Kontakte, die ich hier pflegen kann, an die fremde Kultur, keine klassischen Konzerte in europäischem Stil, kein Tanztraining, keine Bibliothek. So vieles, was mir lieb ist, fehlt hier einfach. Wie ich das schaffe?

- ◆ Ich setze mich nicht selber unter Druck.
- ◆ Ich drossle das übliche Tempo.

- Es gibt Dinge, die ich nicht ändern kann. Dann heisst es, diese anzunehmen.
- Wenn ich etwas nicht verstehe, bleibe ich gelassen oder versuche, es mit Humor zu tragen. Wie heisst es so schön: Humor ist der Schwimmgürtel auf dem Strom des Lebens.

Von Sokrates stammt die Aussage, er habe in sich sowohl die Anlage zu einem geschickten Verbrecher als auch die Anlage zu einem weisen Philosophen vorgefunden. Demzufolge hat Sokrates gewählt, er hat eine Entscheidung getroffen. Es geht also nicht darum, zu werden, was in uns steckt, sondern auszuwählen, um das Beste, das in jedem von uns steckt, herauszuholen.

Das bedeutet, dass man sich nicht einfach den Gefühlen überlässt, sondern darüber entscheidet, was man mit ihnen tun möchte. Dafür besitzt der Mensch einen freien Geist, den er mit seinem Willen steuern kann. Ich bin nicht gezwungen, mit gleichen Mitteln zurückzuschlagen oder meinen negativen Gefühlen freien Lauf zu lassen. Verantwortung beginnt gerade damit, dass man auch Dinge tun kann, die einem zuwider sind – weil sie den Schwachen schützen.

Ein Mensch hat seine geistige Freiheit, und für diese Freiheit muss jeder die Verantwortung selbst übernehmen. Jeder Mensch ist aufgerufen, seine vorgefassten Ideen, Glaubenssätze, Meinungen, Vorurteile und Deutungen zu hinterfragen und immer wieder zu überdenken. Das heisst, «über die eigenen Bücher zu gehen» und sich zu fragen, wo man unflexibel ist, wo man nicht überprüften Annahmen aufsitzt, wo man Gerüchten nacheifert oder unreflektiert irgendwelche Meinungen übernommen hat.

Wenn ein Mensch die Verantwortung für sich übernimmt, wird er sein eigener Manager. Ich glaube, dass jemand, der sich selbst nicht führen kann, nicht als Führungskraft taugt. Es ist daher gleichgültig, in welcher Position und auf welcher Hierarchiestufe jemand gerade steht: Wir müssen lernen, uns selbst zu führen, bevor wir andere Personen führen.

Freiheit und Verantwortung sind unauflösbar miteinander verbunden, sie bedingen sich sogar. Wer nach Freiheit ruft, kommt nicht darum herum, Verantwortung zu übernehmen, und wer nach Verantwortung ruft, kommt nicht am Begriff der Freiheit vorbei. Jeder Mensch hat die Freiheit, sich zu dem Menschen zu entwickeln, der er/sie sein möchte.

Mein Fazit:

Manchmal muss man über den eigenen Schatten springen. Nicht für andere, sondern für sich. Damit man wieder frei und leicht ist und der Sonne mit einem Lachen im Gesicht entgegenschauen kann. Und wenn jemand für dich über seinen Schatten springt – dem bedeutest du viel!

**Als Kind ist jeder ein Künstler.
Die Schwierigkeit liegt darin,
als Erwachsener einer zu bleiben.**

Pablo Picasso

Kapitel 11

**Es ist nie zu spät für eine
glückliche Kindheit**

Unsere Lebensgeschichte steht nicht ein für allemal fest, sondern wird ständig neu geschrieben. Während wir uns und anderen zu erklären versuchen, wie wir geworden sind, was wir sind, werden die feinen Fäden der Kausalität stets aufs Neue verflochten und interpretiert. Wenn ich mir in therapeutischen Sitzungen Lebensgeschichten anhöre, kann ich immer nur staunen, wie Leute das, was aus ihnen geworden ist, mit Dingen verknüpfen, die sie in der Kindheit erlebt haben. Was können wir eigentlich unserer persönlichen Geschichte zuschreiben? Fest steht, dass wir durch sie geformt wurden.

Ich denke aber, dass manche Menschen es sich zu bequem machen, wenn sie bei aktuellen Schwierigkeiten die Schuld allein bei den Eltern suchen. Das ist im höchsten Masse unfair und meistens falsch. Ausserdem entmündigen sie sich damit selbst. Es bedarf doch stets meiner eigenen aktiven Handlung, um im Hier und Jetzt über mich selbst zu entscheiden.

Meine Lebensphilosophie wurde nachhaltig von Viktor Frankls Logotherapie und Existenzanalyse beeinflusst. Die dreidimensionale Sichtweise der Logotherapie, die Verbindung Körper-Seele-Geist, deckt sich mit meinem Menschenbild und mit meiner Religion. Die Logotherapie sagt klar: Nimm dein Schicksal selbst in die Hand, sei selbst der Gestalter deines Schicksals und werde aktiv.

Genau das ist es, was mir an der Logotherapie so gefällt. Ich kann selbst etwas tun! Die Logotherapie eröffnet mir einen Handlungsspielraum. Die Möglichkeit, die Opferrolle zu verlassen und zum «Täter» zu werden, ist ein Schritt in die Unabhängigkeit, in die Selbstverantwortung. Ich kann also selbst etwas gegen meine Misere tun.

Eine zentrale Frage der Logotherapie ist: Wie kann man einem Menschen helfen, der frustriert ist, depressiv, unglücklich und unzufrieden? Ein Mensch, der nicht mehr weiter weiss? Kennzeichen unserer Zeit ist, dass die Menschen immer mehr in eine existenzielle geistig-psychische Sinnkrise geraten. Sie empfinden eine Leere und Sinnlosigkeit, die ihnen mehr zusetzt als alles andere.[1]

Ganz klar festzustellen ist jedoch, dass traumatische Erlebnisse wie sexuelle oder psychische Misshandlungen unbedingt professionell bearbeitet werden müssen. Kein misshandeltes oder vernachlässigtes Kind geht heil aus solchen Erfahrungen hervor. Die Erkundung muss

---

[1] Vgl. Wolfram Kurz: Der Mensch in der Entfremdung von sich selbst; Kap. 1 Ausbildung Logotherapie

161

dann so einfühlsam geschehen, dass ein Lernprozess möglich wird und man nicht in der selbstverständlichen Annahme stecken bleibt, das Leben würde zwangsläufig von schlimmen Erfahrungen geprägt. Veränderung liegt in der Natur des Lebens und soll daher auch das Ziel therapeutischer oder freundschaftlicher Gespräche sein. Wenn etwas in Gang kommen soll, müssen wir über das blosse Jammern hinausgehen und besser fragen: «Und was jetzt?»

Die eigene Kindheit ist etwas, über das man sich eine feste Meinung gebildet hat. Fragt man seine Geschwister, so sehen sie manches schon wieder anders. Und fragt man die Eltern, so hört man vielleicht Dinge, die man möglicherweise nicht hören will. So subjektiv ist also die Erinnerung.

**Das Leben ist vielleicht nicht immer fair.
Aber es ist gut – trotz allem.**

Es liegt nun also an jedem selbst, wie man die Welt sieht. Der Mensch hat die Freiheit, aus seinen vorgefassten Ideen und gepflasterten Meinungen auszusteigen. Die Welt entsteht in den Gedanken. Wer es also schafft, sein Denken zu ändern, wird erleben, dass sich die Welt um ihn herum ebenfalls ändert.

Die spielerische Seite in uns

Es lohnt sich, dem Leben eine spielerische Seite abzugewinnen. Das fängt in der Kindheit an, in der sich ein Mensch spielend das Leben angeeignet hat. Kinder spielen selbstvergessen, ausgelassen, tobend, allein oder mit anderen. Kinder brauchen keine «Incentivs» keine Anreize. Sie spielen, weil sie das Spielen lieben. Sie spielen mit Fantasiefiguren und mit Alltagsgegenständen. Kinder schlüpfen in die Rollen von Prinzessinnen, Indianern, Seeräubern, Vätern und Müttern. Sie erfinden die Welt, die ihnen noch verschlossen ist, erproben und verwerfen Handlungen, beurteilen sie und proben so den Ernstfall. Sie lösen Probleme, überbrücken Phasen des Alleinseins, vertreiben Ängste, erleichtern Trennungszeiten, wenn die Erwachsenen sie mal allein lassen.

Es lohnt sich, sich eine «zweite Kindheit» zu erarbeiten. Und es lohnt sich vor allem anderen, die offene, spielerische Art nicht zu verlernen. So wie die Rollenspiele sich im Laufe der Kindheit geändert haben, so ändert sich die Kindheit weiterhin. Sie wird neu gesehen, je mehr wir von der Welt verstehen. Leider gelingt dies manchen erst nach dem Tod der Eltern. Dann höre ich manchmal von Klienten den Satz: «Ach, hätte ich doch ...»

Es ist nie zu spät für eine glückliche Kindheit.
Aber für die «zweite Kindheit»
muss man selbst sorgen.

Manchmal verstehe ich nicht, warum Menschen so hartnäckig an ihrem Unglück festhalten und nur das Negative sehen. Selbst Ratten sind schlauer als diese Menschen. Setzt man Ratten in einem Labyrinth aus zahlreichen Röhren ein Stück Käse in Röhre 4 vor, kennen die Ratten nach kurzer Zeit den direkten Weg zur Röhre 4. Legt man den Käse dann in Röhre 8, machen sich die Ratten sofort auf die Suche nach dem Käse, egal, in welchem

Tunnel er steckt. Es wird gesucht und erforscht. Nicht so die Menschen: Sie verharren in Röhre 4 und warten nach dem Motto: «Hier hat es doch immer Käse gegeben. Wieso kommt er heute nicht?»

Klar gibt das dem Menschen auch die Möglichkeit, grössere Zusammenhänge zu verstehen, aber die nützen ihm nichts, wenn er mangels Eigeninitiative kaputt geht. So ist es auch mit der Vergangenheit. Schliesse Frieden mit deiner Vergangenheit, damit sie die Gegenwart nicht beeinträchtigt.

Man kann nur im Guten Abschied nehmen. Offene Rechnungen aus der Vergangenheit belasten nur. Deshalb ist der Mensch aufgerufen, sich mit sich und den Mitmenschen zu versöhnen, solange man noch Zeit dafür hat. Oder anders gesagt: «Wer nachträgt, trägt schwer.» Entlaste dich und vergib dir und deinen Mitmenschen! Söhne dich aus, solange du noch Zeit hast. Der Schwache kann nicht vergeben. Jemandem zu vergeben ist die Eigenschaft starker Menschen.

Die indische Grossfamilie

Eine indische Familie ist gross – und sie ist laut. Eltern, Kinder, Onkel, Tanten, Vetter und Cousinen wohnen unter einem Dach. Es gibt Zank und geheime Liaisons, eifersüchtige Tobsuchtsanfälle und Intrigen, aber immer eine starke Loyalität: Der Aussenwelt tritt man immer geeint entgegen. Die indische Familie ist mit einer so starken Lebenskraft beseelt, dass eine Trennung von der Familie ein Gefühl des Exils auslöst. Trotz demografischer Veränderung und des aufkommenden Bedürfnisses vieler aufsteigender Haushalte der Mittelschicht, in

Kernfamilien zu leben, um Alltagsspannungen zu vermeiden, bleibt die indische Grossfamilie die am meisten gewünschte Form des Zusammenlebens.

Normalerweise bleiben die Brüder nach der Eheschliessung zusammen und ihre Ehefrauen ordnen sich in den elterlichen Haushalt ein. Die indische Familie ist bestimmt durch den Gehorsam gegenüber den Älteren. Sie ist nicht nur bedingt durch das gemeinsame Wohnen, sondern auch durch ökonomische, soziale und rituelle Handlungen. Verwitwete oder verlassene Angehörige werden in den allermeisten Fällen selbstverständlich aufgenommen.

Kinder, die in einer Kernfamilie aufgewachsen sind, besuchen regelmässig die erweiterte Grossfamilie. Die Familien treffen sich nicht nur zu Festen, an Wochenenden und Feiertagen, sondern fahren auch gemeinsam in die Ferien und zu Pilgerfahrten. Das Ideal der «brüderlichen Solidarität» innerhalb der Familie ist in der Psyche der Inder so stark verankert, dass sehr viel Kraft, Zeit und Geld aufgewendet wird, um Familienverbindungen aufrechtzuerhalten und sich gegenseitig zu helfen. Wirtschaftlich muss in einem Land, das keine nennenswerten Regierungsprogramme für soziale Sicherheit bietet, die Familie einspringen.

Indische Familien haben eine deutlich konservative Vorstellung von Heirat, Elternschaft und der gegenseitigen Verantwortung und Verpflichtung im vernetzten Familienkreis. Es ist völlig normal, dass die Kinder sich um die alternden Eltern kümmern: sozial, finanziell und emotional. Auch wird der gut verdienende Bruder jederzeit für die Ausbildung seiner Geschwister aufkommen.

Der hilfsbereite Schwager

Die unerschütterliche Solidarität zwischen Brüdern gilt als eines der höchsten indischen Ideale überhaupt. Dies kann Folgen haben, die uns seltsam anmuten. Da erzählte mir Priya, eine bald 40-jährige Inderin der gehobenen Gesellschaft, dass ihr Hausangestellter sie kürzlich um zwei Ferientage gebeten habe.

«Ja doch. Das geht in Ordnung», erwiderte Priya.

Auf die Frage, welche Pläne er für diese zwei Ferientage habe, antwortete der Mann:

«Meine Frau hat ein Kind geboren.»

«Oh, wie schön! Gratulation! Ein Mädchen oder ein Junge?»

«Ein Junge. Ich bin so stolz und glücklich, Vater geworden zu sein.»

«Ja, aber erlauben Sie mir eine Frage: Sie waren ja schon länger nicht mehr zu Hause. Wenn ich mich richtig entsinne, waren Ihre letzten Ferientage vor über einem Jahr. Wie können Sie da Vater werden? Ihre Frau

wohnt bei Ihren Eltern im Dorf. Das Dorf ist weit entfernt. Wie kann sie da schwanger sein? Sie lügen mich
doch nicht an?»

«Das ist keine Lüge. Ich bin Vater geworden. Mein
jüngerer Bruder kümmert sich netterweise um meine Frau, wenn ich nicht da sein kann. So habe ich das
Glück, mich hier meiner Arbeit zu widmen und Geld zu
verdienen und ich weiss, dass zu Hause in meiner Familie alles gut ist.»

In der heiligen Schrift der Rig-Veda findet man gar den
alten Brauch «Niyoga». Er besagt, dass der Schwager,
sollte sein Bruder gestorben sein, sich auch sexuell um
die Witwe kümmern soll.

In Indien werden Ehen arrangiert

Arrangierte Ehen werden in Indien viel seltener geschie-
den, und die Partner bekunden eine höhere Zufriedenheit als solche in frei gewählten Verbindungen. Wie
kommt das? Sollten also Eltern oder Verwandte auch
bei uns im Westen über die Partnerwahl entscheiden?

In Indien hat die Familie einen sehr starken Einfluss,
und es herrschen oft strenge religiöse Vorstellungen.
Hinzu kommen ökonomische Abhängigkeiten und ge-
sellschaftliche Zwänge. Eine Scheidung ist aus diversen
Gründen also keine Option. Interessanterweise aber machen viele Paare aus der Not eine Tugend: Statt mit der
Situation zu hadern und zu verbittern, bemühen sich die
beiden, die Beziehung am Laufen zu halten. Der psy-
chologische Aspekt hilft zudem, dass Menschen ohne
Handlungsalternativen ihre Lebensumstände automa-
tisch besser bewerten. Was heisst das für uns «Westler»?

- Es ist ein Vorteil, wenn auch ein «modernes Paar» sich nach der Decke streckt und sich den Möglichkeiten anpasst. Toleranz heisst, dem anderen sein Anderssein zuzugestehen.
- Es ist ein Vorteil zu wissen, dass aus Freundschaft Liebe werden kann und früher oder später sich aus Liebe eine Freundschaft entwickeln kann – sofern man die Partnerschaft pflegt.

In unserer westlichen Welt hat das Konsum- und Leistungsdenken längst die Zweierbeziehung erreicht und beeinflusst diese massiv. Erwartet wird von den Paaren «ewige Liebe in Top-Qualität», ständige Verfügbarkeit des gerade gewünschten Gutes. Leute meinen, die Pflege und der Unterhalt einer Beziehung sei etwas für Spiesser. Investitionen in die Partnerschaft werden nur gemacht, wenn es sich lohnt, und der Profit wird schnell und ohne viel Aufwand erwartet. Hält eine Beziehung den überzogenen Erwartungsdruck nicht mehr aus, wird oft und gern der Partner ausgewechselt. Ist das die Lösung?

> **Der Erwartungsdruck auf moderne Beziehungen ist derart gross, dass Enttäuschungen vorprogrammiert sind. Es wäre ratsam, diesen Druck zu reduzieren!**

Eifersucht

Die Familie ist der erste Gestaltungsraum eines Menschen. Man ist sich näher als sonst irgendwo, transparenter, durchschaubarer und dadurch verletzlicher. Wut und Ärger empfindet man nur, wenn Personen einem wichtig sind. Verletzungen gehen tief, wenn sie von Menschen stammen, an denen uns etwas liegt, die wir achten oder verehren. Insofern kann Gekränktsein ein Ausdruck davon sein, dass man dem anderen etwas bedeutet. Manchmal ist es gut, das zu wissen.

In der Gesellschaft gibt es nicht nur eifersüchtige Geschwister, sondern auch eifersüchtige Eltern. Sie wachen verbissen darüber, dass der Partner keinen Brosamen mehr an Zuwendung an die Kinder verschenkt oder kein Stäubchen mehr Zuwendung von den Kindern erhält. Sie fühlen sich sofort vernachlässigt und stören mit ihrer Eifersucht die Hingabe des einen Partners an ein Kind, das doch Zuwendung besonders nötig hat. Es gibt Väter, die verbieten der Mutter, das schreiende Kind nachts ins Bett zu holen, weil es «sein Terrain» ist. Das wirkt sehr besitzergreifend, und dort ist wohl auch die Ursache von Eifersucht. Es geht ums Haben, statt ums Sein.

Umgekehrt können Kinder ein Leben lang um die Zuneigung der Eltern buhlen. Wenn mehrere Kinder da sind und die Zeit der Eltern knapp ist, wird diese Zeit zu einem Statussymbol – die Kinder neiden einander die Zeit, die Eltern mit ihnen verbringen. Natürlich passiert dies auch mit sachlichen Zuwendungen. Dann kämpfen Geschwister bis ans Lebensende um ihre vermeintlichen Rechte. «Du hast ein Studium bezahlt bekommen.» «Und du hast immer den Garten der alten Eltern geplündert.» Meistens sind diese Kinder so versorgt, dass sie gut überleben können. Wozu also diese Eifersucht? Warum haben einige Leute immer das Gefühl, zu kurz zu kommen? Und warum gibt es erwachsene Kinder, die denken, dass sie ein Anrecht auf das Erschaffte ihrer Eltern haben?

Dann gibt es die Menschen, die erleben die Höhenflüge und Erfolge des Partners als persönliche Niederlage. Steigt beispielsweise der Mann die berufliche Erfolgsleiter empor, beneidet ihn seine Frau und wünscht ihm insgeheim einen Dämpfer oder schreibt sich selbst den Erfolg des Partners auf die Fahne: «Ohne mich hätte er das nie geschafft. Dank mir ist er das, was er ist.» Umgekehrt gibt es eine ähnliche Eifersucht. Wenn die Frau Erfolge verzeichnen kann, ärgert sich der Mann und spielt ihre Kompetenz herunter oder erfindet Mittel, wie er ihre Karriere durchkreuzen kann. Das «Und-wo-bleibe-ich-Geschrei» ist allgegenwärtig. Leider.

Erlebt man diese Gehässigkeiten, kann man ermessen, welch grosszügiges Geschenk es ist, seinem Liebsten und seinen Nächsten von Herzen zu gönnen, was ihm oder ihr guttut. Jemandem seine Eigenart zu gönnen, seine Freiheit, seine Erfolge, genau das ist der Kitt, der Beziehungen festigt.

Konflikte zwischen erwachsenen Kindern und ihren Eltern

Nicht in Indien, aber in Europa gibt es zur Frage, wie sich die Eltern verhalten sollten, unzählige pädagogische Bücher, die sich allesamt um ein vertrauensvolles Loslassen der herangereiften Kinder drehen. Das Zurücknehmen von Neugierde, Ratschlägen, Kritiken, Besuchen, Anrufen und schlichtweg von sich selbst steht an der Spitze aller Empfehlungen. Das Zurücknehmen von finanzieller Unterstützung wird – wenn überhaupt – nur ganz leise verkündet. Warum eigentlich? Ist es nicht das Normalste, wenn Kinder ihren Kinderschuhen entwachsen und dann auch lernen müssen, für sich selbst zu sorgen?

Die Frage hingegen, wie sich junge Erwachsene ihren Eltern gegenüber verhalten sollen, findet ganz wenig fachliche Resonanz. Wieso? Spiegelt sich eventuell darin der Gedanke, dass die Abnabelung vom Elternhaus nur aus Elternsicht erfolgen muss? Niemand soll die Tür hinter sich zuschlagen und nur seiner Wege gehen. Immer trägt man ein Stück Familie in seinem Gepäck mit, und immer lässt man eine Spur von sich daheim zurück. Ich wünschte mir, auch Kinder würden ihre Verantwortung den Eltern gegenüber wahrnehmen. Generationenvertrag nenne ich das.

Was nottut, ist ein grosszügig-versöhnliches Abschiednehmen auf beiden Seiten. Für die jungen Erwachsenen bedeutet das ein mehrfacher Abschied: einerseits vom bequemen «Hotel Mama», andererseits von der Jugendzeit und deren Refugien und Freiheiten. Jetzt wird es ernst mit dem Abenteuer, sein eigenes Leben zu managen. Die Kinder tragen die Ressourcen in sich, die sich nach einem grosszügig-versöhnlichen Abschied umgehend aktivieren. Für die zurückbleibenden Eltern bedeutet es auch einen existenziellen Abschied, weil sie an die Launen des Zufalls ausliefern müssen, was sie jahrelang davor zu schützen versucht haben. Ihre zu leistende Umorientierung ist kein geringeres Abenteuer. Nach einer Zeit der Distanz und eines eher lockeren Kontaktes könnten sich alle auf derselben Augenhöhe unter Erwachsenen begegnen, und entsprechend verändern sich die Themen, die besprochen werden.

Ist allerdings der Abschied mit alten, nicht verziehenen Kränkungen durchwirkt, wird der Start ins Abenteuer des selbstverantwortlichen Lebens auf beiden Seiten schwer. Die erwachsenen Kinder verbrauchen Ressourcen für Hass, aggressive Proteste und sinnlose Schattengefechte mit ihren Erzeugern. Sie vergeuden wertvolle Energie und fahren nur mit halber Kraft. Oft bleibt dann auch der Erfolg in ihren Partnerschaften oder im Job aus.

Auch die Eltern sind dann in ihrer Umorientierung behindert. Sie fragen sich, was denn in der Erziehung schiefgelaufen ist. Mit diesen Gedanken lassen sie ihre erwachsenen Kinder nicht los. Gegenseitige Schuldzuweisungen, Unterstellungen und Vorwürfe sind die Folge. Es wird ein sinnloses und unglückseliges Unterfangen mit Verlierern auf beiden Seiten.

Was hilft in dieser verfahrenen Situation?

Die erwachsenen Kinder sollten aufhören, über die Eltern zu richten. Hier muss ein bewusster Verzicht geleistet werden. Sie sind zu nahe dran, zu sehr involviert, in zu viele subjektive Geschichtsinterpretationen verquickt, um gerecht urteilen zu können. Sie wären höchst voreingenommene Richter ihrer Eltern. Auch sind ihnen erstaunlicherweise ganz viele Seiten ihrer Eltern total fremd. Es ist kein Wunder, wenn sich Kinder in ihren Eltern täuschen, schliesslich sehen sie die Eltern 20 Jahre lang aus dem einseitigen Blickwinkel des abhängigen Kindes.

Aber auch Eltern können sich in ihren Kindern täuschen:

Ein Mann, dem die Axt abhandengekommen war, hatte den Sohn seines Nachbarn in Verdacht. Der Junge ging wie ein Dieb, sah aus wie ein Dieb, sprach wie ein Dieb. Irgendwann fand der Mann seine Axt im Keller wieder. Und das nächste Mal, als er den Nachbarsjungen sah, ging dieser, sprach und sah aus wie jedes andere Kind.[1]

Der typische Fallenmechanismus des Feindbildes ist hier beschrieben. Hat man einen Menschen einmal be- oder verurteilt, und sei es auch bloss eine Vermutung, ein Verdacht, eine subjektive Deutung oder eine persönliche irre Idee, all sein Tun bestätigt dann unser vermeintliches Vorurteil. Und ein Vor-Urteil ist bekanntlich ein «Urteil vor der Kenntnis». Der «Ankläger» gibt sich nicht die Mühe, seine Meinung zu hinterfragen oder im Gespräch zu klären. Der «Verurteilte» hat somit keine Chance, einer solchen Reputationsschlinge zu entschlüpfen. Es sei denn, die Sache klärt sich einwandfrei auf wie bei der verschwundenen Axt. Das ist aber nicht immer möglich, und eine vollständige Klärung ist vom «Ankläger» oft gar nicht gewünscht. Es würde sonst auffliegen, dass er sich täuschte. Somit nimmt sich jener, der das Vorurteil pflegt, die Chance, seinen Nächsten überhaupt richtig kennenzulernen. Schade! Und das ist auch einer der häufigsten Gründe der Generationenkonflikte.

Versöhnen statt richten

Klar ist: Eltern machen Fehler. Sie haben meist wenige oder keine pädagogisch-psychologischen Kenntnisse und erziehen einfach «aus dem Bauch heraus». Eltern stehen häufig unter wirtschaftlichem, oft auch unter sozialem

---

[1] Elisabeth Lukas, Familienglück, 2001, S. 65

Druck, und die eigenen Sehnsüchte kollidieren mit den Bedürfnissen der Kinder. Mindestens der eine Elternteil muss für das Einkommen sorgen. Dieser Elternteil fehlt dann logischerweise im Familienalltag, was ihm möglicherweise auch noch zum Vorwurf gemacht wird. Geht dieser Elternteil nur punktuell arbeiten, heisst es dann schnell, er vernachlässige seine Familienpflichten. Eltern büssen – manchmal mehr als genug! – für diese «Fehler». Deshalb läge der nächste Schritt an den erwachsenen Kindern. Diese müssten sich fragen:

- ◆ Haben meine Eltern – Vater und Mutter – auch Positives für mich getan? Was?
- ◆ Unter welchen Umständen haben Vater und Mutter die Erziehungsleistung an mir vollbracht?
- ◆ Wann und wo habe ich selbst unter Beweis gestellt, dass ich in vergleichbarer Situation anders und besser gehandelt habe als Vater oder Mutter?
- ◆ Gibt es einen beobachtbaren Wandlungsverlauf bei den Eltern? So, wie Eltern «schuldig» geworden sind, können sie auch aus ihrer «Schuld» lernen. Hat zum Beispiel ein Familienvater aufgrund seines Jobs die eigenen Kinder vernachlässigt, kann er das bei seinen Enkelkinder wieder gutmachen: Qualitätszeit für die Enkel einsetzen und damit die Eltern entlasten – eine gute Sache für alle!

Aber: Registrieren heranwachsende Kinder einen Wandlungsschub der Eltern? Leider in den seltensten Fällen. Zu sehr sind die Kinder mit der eigenen Identitätsfindung beschäftigt. So entgehen ihnen elterliche Fortschritte leicht, und Vorurteile sind enorm hartnäckig.

War beispielsweise ein Vater vor zehn Jahren ein strenger Mann, der Disziplin einforderte, und schaut der Sohn dem Vater beim Besuch in die Augen, schon erkennt er den «Kontrollblick» von früher, und das wird wiederum als stummer Vorwurf oder Einmischung gewertet. «Der ändert sich nie», denkt der Sohn verbittert. In Wahrheit sind es die Auffassungen des Sohnes, die sich nicht geändert haben.

Das Gedicht von Berthold Brecht bringt es auf den Punkt:

Alles wandelt sich. Neu beginnen
kannst du mit dem letzten Atemzug.
Aber was geschehen, ist geschehen.
Und das Wasser, das du in den Wein gossest,
kannst du nicht mehr herausschütten.
Was geschehen, ist geschehen.
Aber alles wandelt sich. Neu beginnen
kannst du mit dem letzten Atemzug.

Hier plädiere ich dafür, dass das Gleichnis vom verlorenen Sohn auch mal umgekehrt gelesen werden sollte. Dass auch ein Freudenfest für den «verlorenen Vater» oder die «verlorene Mutter» gefeiert wird, wenn diese aus der Entfremdung zurückkehren – egal, was vorher geschehen ist. Der grösste Zorn holt das Wasser nicht aus dem Wein heraus. Aber neuen Wein in neue Gläser zu giessen und damit aufeinander anzustossen, ist jederzeit möglich.

Und: Du weisst nicht, wann deine Eltern den letzten Atemzug machen. Danach ist es zu spät. Worauf wartest du noch?

Es ist für eine Versöhnung unumgänglich, dass ich die Verantwortung für mein Handeln übernehme. Das heisst: Schuld anerkennen, auch wenn es nicht beabsichtigt war, auch wenn es aus einem Missverständnis heraus geschah, auch wenn der andere mir ebenfalls etwas angetan hat. Schuldig werden wir an unseren Partnern nicht nur, wenn wir etwas mit vollem Wissen oder aus freiem Willen tun, sondern auch durch Unachtsamkeit, Unverständnis oder durch Unvermögen. Und im konkreten Fall einzugestehen: «Ja, ich habe dich verletzt», das ist ein wesentlicher Schritt zur Versöhnung.

Eigentlich sollte die Familie Kraft geben. Das spürt man hier in Indien deutlich. In der Schweiz spüre ich es immer weniger, leider. Die Alterssuizide nehmen zu. Überhaupt entwürdigt man das Alter bei uns im Westen: Erfahrungen zählen nicht, Autoritäten und Vorbilder haben gewechselt, Starlets, Cervelat-Prominenz, Partyleute und Sexgören werden verehrt. Wir haben kein

176

richtiges Wir-Gefühl mehr, sind vom Wir-Menschen zum Ich-Menschen mutiert. Jeder ist sich selbst der Nächste. Das erschreckt mich.

Ich sehe ein Menschenleben wie eine Kerze: Zuerst ist die Kerze gross, gibt ein helles Licht und brennt kräftig. Wie ein junger Mensch, furchtlos, mutig. Mit der Zeit wird die Kerze kleiner, das Wachs schmilzt, die Flamme wird schwächer. Vielleicht weht zudem ein zügiger Wind um das schwächelnde Licht in Form einer Krankheit und droht, die Flamme auszulöschen. Wäre es da nicht unsere Aufgabe, unsere schützende Hand zwischen den rauen Wind und die Flamme zu halten, damit die Kerze ihre Lebensaufgabe in Würde zu Ende bringen kann?

Mein Fazit

Der intensivierte Kontakt mit den Eltern, vielleicht sogar die Versöhnung, kann uns den alternden Eltern wieder annähern. Auch dies kann ein Baustein sein für eine glückliche Kindheit.

Die Kritik an anderen hat noch keinem die eigene Leistung erspart.

Noël Coward

Kapitel 12

Beziehungsarbeit

Sich schätzen lernen

Wir sehen uns zwar täglich, aber Markus ist oft in Gedanken bei seinen Geschäften. Ich schätze es, wenn er mir von dem erzählt, was ihn beschäftigt. Er hat hier wenig vertraute Kollegen. Ich mag seine geradlinige, klare Art und seine grosse Erfahrung. Er versteht es, den «Helikopterblick» einzunehmen und somit die Übersicht zu behalten. Seine Kompetenz und die Seniorität wirken sich auf seine Teams aus: Die Mitarbeiter, gut ausgebildete Inder, arbeiten professionell und lassen sich von korrupter, hinterhältiger Konkurrenz hoffentlich nicht aufs Glatteis führen. Sollte dennoch einer versuchen, Markus über den Tisch zu ziehen, gelingt ihm das kaum. Mein Mann hat in mir eine Mitdenkerin, denn ich nehme mir Zeit zum Nachdenken, zum Querdenken, und ich frage nach.

Ich bemühe mich, dass dieses Indien-Abenteuer für uns beide zum Erfolg wird. Einfach ist es nicht. Oft bin ich in der Rolle der Verständnisvollen, die immer ein offenes Ohr hat, die viele Launen auffangen muss. Doch wie achte ich auf die Balance in meiner Partnerschaft? Es sollte doch ein Geben und Nehmen sein?

In schwierigen Momenten versuche ich mir vor Augen zu führen, dass jeder Mensch seine Eigenart hat – auch seine eigene Art, Zuwendung zu zeigen. Es ist vielleicht nicht immer die Art der Zuwendung, die ich mir wünschte. Wir Frauen träumen von romantischen Abenden bei Kerzenlicht und verbindenden Gesprächen, von Rückenmassagen mit Duftölen, mit Kuscheln auf dem Sofa. Männer haben oft einen ganz anderen Stil. Markus zeigt mir seine Zuwendung beispielsweise damit, dass er

Reisen, Events, Restaurantbesuche und Tagesprogramme organisiert, sich fit hält und mir die Möglichkeit und die Freiheit gibt, zu mir selbst zu schauen. So muss jeder Partner immer wieder «Übersetzungsarbeit» leisten, damit man sein Gegenüber, seine Art und seine Möglichkeiten versteht und die Fäden nicht reissen. Manchmal ist das schwierig.

Das Eigene soll bleiben

Bindung und Ähnlichkeit sind gut für die Ehestabilität, aber auch mit einer Gefahr verbunden, dass ein Partner aufhört, eine eigene, unverwechselbare Person zu sein. Sich ganz für den anderen aufgeben, das kann und darf kein Ziel sein. Es wirkt vielmehr zerstörerisch. Eigenständigkeit heisst, jeder behält neben der gemeinsamen auch die «eigene Welt»: eigene Hobbys, eigene Kontakte, eigene Meinungen, eigene Ziele. Eigen-Ständigkeit heisst, auf seinen eigenen Füssen stehen zu können. Erich Fried sagte: «Liebe ist ein Kind der Freiheit.» Wenn ich auf Gedeih und Verderben den anderen «brauche», wie kann ich dann frei sein und ihn auf Dauer lieben? Wenn ich den anderen brauche, mutiert er zur Krücke, die ein Gehbehinderter braucht, um Gehen zu können. Das wäre ein Missbrauch des Partners! Und wenn dieser «Gehbehinderte» eines Tages selber gehen kann, braucht er die Krücke nicht mehr und legt sie beiseite. Traurige Paargeschichten sind das!

Eigenständigkeit erhält – bei aller nötigen Vertrautheit – einen Schuss Fremdheit. Der andere bleibt ein Stück Geheimnis, dem ich mit Achtung, sogar einer gewissen Ehrfurcht begegnen sollte. Durch diesen Abstand zwischen dir und mir bleibt auch die Neugier aufeinander erhalten, und damit die Attraktivität. Dazu gehört in meinem Fall auch, dass ich akzeptiere, wenn mein Mann ganz eigenständig seine Abende für die Firma braucht oder mit einem indischen Kollegen zum Golfen geht. Ich bin dann darauf angewiesen, mit mir selbst klarzukommen, mit mir selbst befreundet zu sein, mir selbst zu genügen. Das ist manchmal eine richtig grosse Herausforderung.

Wie ich die Einsamkeit hier aushalte? Ich stelle mir vor, mein Leben ist ein Kunstwerk. Ein Kunstwerk? Ja, genau! Wenn ich morgens aufstehe, überlege ich mir: Wie kann ich mein Leben, mein Kunstwerk weiter entwickeln? Was habe ich letzte Woche, vergangenen Monat, gestern diesem Kunstwerk beigefügt, womit und wie habe ich dieses Kunstwerk verschönert, verbessert?

Wenn ich mein Leben nicht als Kunstwerk sehen kann, wie sehe ich es dann? Als Herausforderung? Als harte Aufgabe? Als Strafaktion? Die Art, wie ich mein Leben

betrachte, beeinflusst mein Gefühl, meine Sprache, mein Handeln, und am Ende werde ich zu dieser Person. Erfolg hat mit Erfüllung zu tun, damit, mein Leben anzufüllen: aber womit?

Womit fülle ich mein Leben?

Es ist oft nicht einfach, sich am eigenen Schopf aus dem Grübeln herauszuziehen. Der Weg in eine neue Eigenständigkeit führt oftmals über die Trauer und das Loslassen. Das ist anspruchsvoll, denn dieses neue Lebensgefühl bedeutet Verunsicherung und eventuell das Eingestehen von Fehlern. Und niemand ausser mir kann wissen, wofür sich mein Leben lohnt. Ich sollte auch nicht erwarten, dass mein Partner meine innere Leere füllt. Ich kann die Verantwortung für mein Leben nicht auf andere abwälzen. Mein Leben gehört zu mir allein.

Unter einem erfüllten, erfolgreichen Leben stellt sich jeder etwas anderes vor. Erfolg ist vielerlei: eine Erfah-

rung, eine Entwicklung, das Verschmelzen der Sehnsüchte mit der Realität, die Manifestation meiner Träume im Alltag. Erfolg ist greifbar und flüchtig zugleich und erweckt den Anschein, allgemein messbar zu sein. Erfolg wird äusserlich bewertet, aber innerlich erfahren, er ist sowohl objektiv als auch subjektiv. Über die für alle Welt ersichtlichen Merkmale hinaus wird Erfolg im Wesentlichen von meinem ganz persönlichen Gefühl der Befriedigung und Erfüllung bestimmt.

In Industrienationen basiert die Definition von Erfolg im Allgemeinen auf drei Hauptkriterien: Macht, Geld, Ruhm. Das ist viel zu kurz gegriffen! Was Erfolg für den einen Menschen bedeutet, mag auf einen anderen nicht zutreffen. Es gibt nur einen kompetenten Richter: du! Nur du kannst deinen Erfolg beurteilen, denn du allein bestimmst, was Erfolg für dich bedeutet.

Liebe fördert Ressourcen

In unserer westlichen Welt starten die meisten Beziehungen direkt auf Wolke sieben: Man ist verliebt, der Partner trägt einen womöglich auf Händen, ist liebevoll, faszinierend, hört aufmerksam zu, ja, er ist nahezu perfekt. Nach ein paar Wochen jedoch legt sich der Sturm der Hormone, und der geharnischte Einspruch der Realität hält Einzug. Die Enttäuschung ist vorprogrammiert.

Diese Situation in Partnerschaften ähnelt den schnellen Erfolgen im Sport. Erzielt ein Anfänger einer Sportart schon beim ersten Wettbewerb den ersten Platz, wird jeder weitere Erfolg an diesem ersten Triumph gemessen, und ein zweiter oder dritter Platz wird dann nicht mehr als Erfolg erlebt. Ein fundamentaler Einstellungsfehler: Keiner kann permanent gewinnen! Auch keine Beziehung kann ein pausenloses Hochgefühl bieten.

Wer nicht wahrhaben will, dass es in jeder Beziehung Höhen und Tiefen gibt, gerät in einen Teufelskreis. Die Enttäuschungen über nicht erfüllte Erwartungen führen dazu, dass weniger in die Beziehung investiert wird. Dadurch verschlechtert sich die Beziehungsqualität, noch mehr Hoffnungen werden enttäuscht, und die Abwärtsspirale dreht sich immer schneller.

«Erwartungshaltungen» sind reine Kopfsache. Wer bei seinen Hoffnungen und Forderungen Vernunft walten lässt, ist weniger anfällig für Enttäuschungen. Mit Schwierigkeiten in der Beziehung zu rechnen und diese zu akzeptieren heisst nicht, sie über sich ergehen zu lassen und sich seinem Schicksal zu ergeben. Alles Lebende will gepflegt werden, auch eine lebendige Partnerschaft. Jeder muss sich aktiv bemühen.

Wer bei den ersten Schwierigkeiten flüchtet, verpasst die Erfahrung, wie befriedigend es ist, Durststrecken gemeinsam durchzustehen. Wer sich realistisch, aber positiv auf den Partner einstellt und täglich die kleinen schönen Seiten seiner Beziehung anerkennt, ist klüger als jemand, der einer romantisierten Idealbeziehung nachhängt, die es so nicht gibt.

Die Einzigartigkeit eines Menschen erkennen

Filme, Medien und die «Reichen und Schönen» suggerieren uns gern romantisierte Bilder von makellosen Traumbeziehungen. Das hat mit der Realität nichts zu tun. Paare werden immer wieder Opfer von sozialen Normen, weil sie sich von aussen Erwartungen an die eigene Beziehung aufdrängen lassen. Fragt man beispielsweise ein Paar, wie oft es Sex zusammen hat, kann es sein, dass die Angabe unter dem statistischen Durchschnitt liegt. Das heisst jedoch nicht, dass dieses Paar unglücklich ist. Vielleicht möchte es in dieser Phase gar nicht mehr Sex haben. Deshalb ist es wichtig, dass Sie sich in einer Beziehung immer wieder neu aufeinander einstellen und Bedürfnisse und Ziele miteinander abgleichen. Wünschen Sie sich, dass der Partner Sie immer lieben möge, dann ist das zwar ein schöner Wunsch, aber nicht sehr realistisch. Wenn Sie sich hingegen wünschen, dass der Partner Ihnen seine Liebe zeigen möge durch liebevolle Worte, Gesten, Zärtlichkeiten, Einladungen, dann hat er eine reale Chance, diesem Wunsch nachzukommen.

Geliebt werden ist eine Gnade, aber Lieben ist ein Verdienst, in das man selbst investieren muss. Die Liebe meint den anderen. Verliebtheit meint sich selbst. Heirate nicht, um glücklich zu werden, sondern heirate, um glücklich zu machen.

Gefühle aussprechen

Gefühle und Gedanken werden in Beziehungen leider oft nicht formuliert. Dadurch entstehen Konflikte, und Unsicherheiten breiten sich aus. Klar streitet jedes Paar, solange es jedoch in emotionaler Beziehung zueinander bleibt, ist die Partnerschaft nicht gefährdet. Wenn sich Paare nach dem Streit in den Arm nehmen, sich trösten, wenn sie sich «Sicherheitsgesten» schenken, können sie Konflikte besser meistern und halten Widersprüche besser aus.

Paare, die miteinander umgehen, als sei der andere ein Feind, oder Paare, die wetteifern, wer seine Interessen am besten durchbringt, können kein Vertrauen entwickeln. Vertrauen kann nur entstehen, wenn der Partner «durchschaubar» wird. Das kann er jedoch nur, wenn er bereit ist, sein Visier zu öffnen und den anderen einen Blick in sein Innerstes werfen lässt.

Verletzt werden und verzeihen

Verletzungen passieren. Gerade in einer Partnerschaft treffen wir dann und wann die wunden Punkte unseres Gegenübers. Unsere Verschiedenheiten stossen aneinander, es gibt Missverständnisse, schlechte Gewohnheiten, und charakterliche Mängel kommen zum Tragen. Mit all dem machen wir uns das Leben gegenseitig schwer. Da prallen verschiedene Vorstellungen und Bedürfnisse aufeinander, und die Frage steht im Raum: Wo soll ich mich durchsetzen, wo kann ich einstecken?

Es ist hilfreich, wenn Partner es sich zur Grundregel machen, die Dinge nicht zu verschleppen, sondern wenn eine Verletzung passiert ist, möglichst bald etwas zur Versöhnung zu tun. Je länger wir unerledigte Verletzungen mit uns tragen, desto schwieriger wird es, sich mit ihnen gewinnbringend auseinanderzusetzen.

Wie bringt man nun eine Versöhnung zustande? Anerkenne, dass du dein Gegenüber verletzt hast und bitte um Verzeihung. «Es tut mir leid. Bitte verzeih mir.» Eine solche Bitte geht vielen Menschen schwer über die Lippen, aber sie ist ein notwendiger Bestandteil echter Beziehungskultur.

Gegenseitige Achtung

Ist alles selbstverständlich? Liebe ist achtsam und respektvoll! Manche Paare haben sich so sehr aneinander gewöhnt, dass sie gar nicht mehr über den anderen nachdenken. Er ist ja sowieso da. Wie die Luft zum Atmen. Der Partner ist wie ein hübsches Möbelstück, über das man eher unbewusst mal mit der Hand streicht, wenn man an ihm vorübergeht. Die Möglichkeit, dass dieses Möbelstück eines Tages verschwinden könnte, wird ausgeschlossen. Es passt doch so gut in diese Ecke, schmückt die Wohnung, das eigene Leben, und es steht nicht gross im Weg herum. Man schmeisst sich nur noch für andere Menschen in Schale. Für den Partner tut es die ausgeleierte Jogginghose.

Partner, die einander für selbstverständlich halten, legen unachtsames Verhalten an den Tag und verbringen qualitätslose Zeit miteinander. Der «selbstverständliche Partner» bekommt nur noch einen Begrüssungskuss auf die Wange, und man erzählt in Gesellschaft von seinen «witzigen Fehlern». Der Partner hat nicht mehr wie früher oberste Priorität. Der Beruf, Kinder, Hobbys und Verpflichtungen zählen mehr. Das führt dazu, dass man gern von sich redet, aber nicht mehr darauf achtet, wie es dem anderen geht. Das «Wir» ist gestorben.

Noch so viel Stress, noch so viele Verpflichtungen und noch so viele Sorgen können es nicht entschuldigen, dass man den wichtigsten Menschen in seinem Leben gleichgültig und desinteressiert behandelt. Wem an seiner Beziehung liegt, der muss dringend gegensteuern, sobald er Nachlässigkeit in seinem Verhalten bemerkt.

Was ist Liebe?

Liebe ist der Wille, sich für die Partnerschaft einzusetzen. Das ist einer der allerwichtigsten Grundpfeiler einer glücklichen Beziehung. Das Zauberwort heisst Verbindlichkeit. Es bedeutet, sich bewusst für jemanden zu entscheiden und sich für diesen Menschen zu engagieren. Und zwar in jeder Situation und an jedem Tag, und auch dann, wenn es Schwierigkeiten gibt.

Diese Verbindlichkeit entspricht dem Urbedürfnis nach Verlässlichkeit, Sicherheit und Geborgenheit, die Sehnsucht nach dem sicheren Hafen. Sie ist der tiefste Kern einer tragfähigen Beziehung und stärkt die Bereitschaft, sich langfristig zu binden. Dies bedingt auch eine emotionale Festlegung: Ich darf nicht dauernd darüber nachdenken, ob es vielleicht noch jemand Besseres irgendwo geben könnte.

Liebe akzeptiert

Das Idyll der bedingungslosen Liebe gibt es nur in der ersten Phase der Verliebtheit. Den Partner nicht verändern wollen, sondern akzeptieren lernen, seine Andersartigkeit erkennen, annehmen und schätzen – darum geht es in einer Partnerschaft. Man kann sogar lernen, die Unzulänglichkeiten im Charakter des anderen grosszügig zu tolerieren. Ich setze manchmal ganz bewusst die rosarote Brille auf und betrachte meinen Mann durch diese. Und siehe: Es hilft!

In einer Partnerschaft muss man sich zusammenraufen. Wer glaubt, dass Liebe wachsen kann, dass sich eine Beziehung im Laufe der Zeit entwickelt, ist zufriedener als jemand, der Liebe für Schicksal hält. Liebe ist «work in progress», ein Projekt, das sich stets verändert und weiterentwickelt. Deshalb soll jeder auch jeden Tag etwas für die Entwicklung seiner Partnerschaft tun und diese aktiv mitgestalten.

Gewisse Eigenarten bringt jeder Mensch mit. Und war es nicht gerade diese Andersartigkeit, die einen anfangs so sehr faszinierte?

Die Verführung

Ich bin noch nicht lange mit Markus liiert, als er mir erzählt, dass sich eine gewisse Annabelle total danebenbenommen hat.

«Ach, Annabelle?», horche ich auf. «Sie versucht doch die ganze Zeit, mich irgendwie zu kopieren. Was hat sie denn gemacht?»

Markus erzählt mir, dass sie sich an ihn herangemacht habe. Sie habe versucht, ihn heftig zu umarmen, zu küssen, und dann habe sie ihm ins Ohr gehaucht, was für ein wunderbarer, schöner, erfolgreicher und durchtrainierter Mann er sei. Aber er habe sie dann schnell zurechtgewiesen.

«Aber stopp jetzt! Das ist eine meiner Kolleginnen. Weshalb kommt sie auf die Idee, dir nachzustellen?», will ich wissen. «Hast du ihr schöne Augen gemacht? Hast du einen deiner warmen Sexy-Blicke draufgehabt? Einem Feldherrn würde sie doch nicht einfach so auf die Pelle rücken!»

Markus denkt nach: «Das hat mit mir doch nichts zu tun! Die spinnt einfach», so sein lapidarer Kommentar.

«Gib's zu, geschmeichelt hat dir das! Wenn eine andere Frau einem Mann solche Komplimente macht und um ihn wirbt, schmeichelt das jedem, und er schwellt seine Brust!» Die Konkurrenz schläft nicht, denke ich.

Ich weiss, dass Annabelle mich beneidet. Allzu oft hat sie mir vorgejammert, wie sehr ich doch überall Glück hätte im Leben, und sie habe immer nur Pech.

Ich kenne die Probleme von Annabelle. Ihr Mann hat sie verlassen, Kinder hat sie keine, und im Job kommt sie nicht vorwärts. Es läuft halt alles ganz normal in ihrem Leben, ohne Aufregung. Und hie und da schleppt sie Männer an, die sie im Internet kennengelernt hat. Die passen ihr allesamt nicht, der Hauptgrund ist aber, dass sie eine völlig negative Sichtweise hat und sich auch nicht aufrafft, mal wirklich etwas zu verändern und bewusst aus diesem fatalen Denkmuster auszusteigen. Annabelle kopiert lieber andere Frauen, statt ihr eigenes Profil zu entwickeln. Sie kriegt kein freies, gewinnendes

Lächeln auf die Lippen, und mit ihrem Gejammer verscheucht sie alle Menschen.

Nach der Erfahrung mit Annabelle mache ich mir folgende Gedanken: Was wäre gewesen, wenn Markus ihrer Verführung nachgegeben hätte? Wie könnte ich damit umgehen? Könnte ich überhaupt damit umgehen? Würde ein Vertrauensbruch gar das Ende unserer Ehe bedeuten? Bevor mich diese Gedanken tiefer ins Grübeln reissen, blocke ich sie ab und besinne mich auf den kleinen Beziehungsknigge. Besser Vorbeugen statt heilen, heisst es doch!

Der kleine Beziehungsknigge

Wahre Eleganz beruht auf einem höflichen Umgangston:

- Der uneingeschränkte Gebrauch der Wörtchen «bitte» und «danke» hat mit Respekt zu tun. Das ist die Basis für ein harmonisches Zusammenleben.
- Nicht jede meiner Seelenblähungen ist es wert, thematisiert zu werden.
- Ein klares, aber freundliches «Nein, das will ich nicht» hat manchmal mehr Wirkung als lange Erklärungen.
- Statt mit hängenden Schultern herumzulaufen, bewege ich mich elegant und mache mich hübsch. Jeder kann seine hängenden Mundwinkel korrigieren, seine Mimik, Gestik, seine Wortwahl und Haltung.
- Partnerwahl ist Problemwahl. Mit der Wahl des Lebenspartners fällt man die Entscheidung für das gesamte Paket, für die positiven, aber auch für die störenden Eigenschaften.
- Man kann nicht nicht kommunizieren. Dieses Wort

von Watzlawick gilt auch für unsere Kleidung.
Die heutige Uniform ist wenig stimulierend. Die
Beine stecken meist in Jeans, die Füsse im Winter
in einer Art Wanderschuhe, im Sommer in Trek-
kingsandalen. Die Leibesmitte ist eingehüllt in
Funktionsjacken, und statt schicker Aktentasche
oder Handtasche wird ein Rucksack auf den Rücken
geschnallt. Zwischen Zweckmässigkeit und sozialer
Rücksichtslosigkeit ist nur ein ganz schmaler Grat!

- Guter Stil heisst, souverän mit seinen eigenen Fehler
  umgehen zu können. Wie werde ich die beste «Aus-
  gabe meiner selbst»?

- Die Art, wie ich die Welt betrachte, ist nur eine von
  vielen möglichen Perspektiven. Also höre ich meinem
  Gegenüber aufmerksam zu, stelle Fragen und interessiere mich für seine Gefühle und Wahrnehmung.

- Ich passe meine Erwartungen an und jage keiner
  makellosen Beziehung nach. Das ist keine Niederlage. Wer seine Ansprüche angemessen gestaltet, fühlt
  sich in der eigenen, real gelebten Beziehung gleich
  viel wohler.

- Wer nachträgt, trägt schwer. Nachtragende Menschen sind nie glücklich. Der Frust sitzt tief im eigenen Herzen. Man kann sich selbst, seinem Partner,
  den Eltern und Freunden die Unzulänglichkeiten
  und Fehler verzeihen. Das hat eine grosse Heilkraft.

- Ich bemühe mich um eine positive Atmosphäre, eine
  positive Grundstimmung. Den Partner anzulächeln,
  zu berühren, kleine Aufmerksamkeiten zu schenken:
  Das ist das Schmiermittel der Liebe. Zuneigung
  muss man zeigen.

◆ Eine faire Kommunikation, das Ansprechen von Gefühlen und das Suchen nach Lösungen, nicht nach Problemen, erleichtert das Zusammenleben.

◆ Unterschiedliche Entwicklung, eine gewisse Routine und die Verarmung der Kommunikation sind die wichtigsten subjektiven Trennungs- und Scheidungsgründe. Das sind glücklicherweise alles Dinge, gegen die jeder etwas unternehmen kann.

Die dritte Dimension

Um der «Selbstverständlichkeitsfalle» zu entfliehen, gibt es für Paare nur einen Weg: Man muss für «Qualitätszeiten» in der Partnerschaft sorgen. Das bedeutet, regelmässig gemeinsame Zeit mit dem Partner einplanen. Qualitätszeit sollte für den gegenseitigen Austausch von Erlebnissen, Gedanken, Gefühlen oder einfach nur für Zärtlichkeit reserviert sein. Qualitätszeit entsteht, wenn es im Leben eines Paares eine «dritte Dimension» gibt, wenn das Paar mit liebevollen Ritualen den Alltag unterbricht.

Das gemeinsame Projekt, die «dritte Dimension», gibt der Liebe Sinn und Richtung. Gemeinsame Hobbys beispielsweise oder ein gemeinsames Engagement für soziale oder politische Projekte eignen sich hervorragend. Gemeinsame Ziele, gemeinsames Engagement geben einer Beziehung Kitt.

Paare, die sich keine «dritte Dimension» erarbeiten, können zwar den Alltag gemeinsam meistern und das Zusammenleben organisieren, aber sie haben nichts, was über die Beziehung hinausreicht. Man erkennt diese Paare leicht daran, dass es ihnen schwerfällt, miteinander allein zu sein. Im Restaurant sitzen sie sich schweigend gegenüber, ihre Ferien verbringen sie lieber mit Freunden, die Wochenenden sind verplant, um nur ja keine unstrukturierte Zeit entstehen zu lassen. Aktivismus herrscht vor. Paare, die in ihrem Leben eine «dritte Dimension» gefunden haben, haben immer etwas, worüber sie sich austauschen können.

Mein Fazit:

Markus und ich sind unterschiedlich. Das heisst auch, dass wir uns ergänzen. Wir rücken in diesem Land enger zusammen. Inwieweit wir es schaffen, die «dritte Dimension» der Gemeinsamkeit in unser Leben «nach Indien» hinüber zu retten, wird für uns zu einer neuen Herausforderung. Angst davor haben? Der Mensch wächst in der Regel an seinen Aufgaben.

**Der Optimist hat nicht weniger
oft unrecht als der Pessimist.
Aber er lebt froher.**

Charlie Rivel

Kapitel 13

Negativität abfedern

Nur Armut und Dreck?

Bin ich nach bald sieben Jahren hier in Indien weniger glücklich als am Anfang? Eine gewisse Ernüchterung ist nicht zu bestreiten. Sie hat aber auch ihr Gutes. Ich bin täglich gefordert, meine Philosophie zu leben, zu hinterfragen, neu zu definieren und allenfalls anzupassen.

Viele haben nicht verstanden, dass ich mich so schnell entschlossen habe, meinem Ehemann nach Indien zu folgen. Einige bedauerten mich:

«In Indien gibt's nur Armut und Dreck.»

Bei anderen merkte ich, dass sie mir diese vermeintlich dreckige Welt gönnten, weil sie vordergründig so gar nicht zu mir passt. Ich las in ihren Gesichtern: «Du wirst schon sehen, das hältst du nicht lange aus. Und dann ist deine Ehe wohl auch im Eimer.» Dazu fällt mir nur dieser Spruch ein:

> *Mit dummen Menschen zu streiten,*
> *ist wie mit einer Taube Schach zu spielen:*
> *Egal, wie gut du Schach spielst, die Taube wird alle*
> *Figuren umwerfen, auf das Brett kacken und herum-*
> *stolzieren, als hätte sie gewonnen.*

In der Tat gibt es Menschen, die mir ein Scheitern gönnen oder sogar wünschen. Ist es Neid? Eifersucht? Konkurrenzdenken? Ist es Unwissenheit oder einfach Dummheit? Frankl würde vielleicht sagen, ich hätte die «Trotzmacht des Geistes» zu Hilfe genommen, indem ich über die Zweifler dachte: «Das sind eure Gedanken, damit würdet ihr es sicher nicht hinkriegen! Ich aber kann meine Haltung erproben, kann Neues lernen und mich bewähren.»

Gelingen ist nur die eine Hälfte der Polarität des Lebens. Gelingen wie auch Misslingen scheinen phasengebunden zu sein. Dass es in moderner Zeit dazu gekommen ist, nur noch das Positive im Leben zu akzeptieren, das Negative aber zu verleugnen, ist schlicht eine Dummheit.

Wenn nur noch das Gelingen zählt, wird jedes Misslingen zur schlimmen Störung. Misslingen ist Mist, das stimmt. Misslingen aber hat einen wunderbaren Sinn: Scheitern bringt den Menschen weiter. Wenn etwas misslingt, gibt sich der Mensch neue Ziele. Insofern sollte das Scheitern viel mehr geschätzt werden.

Das Leben hat mich schon oft durchgeschüttelt, und ich weiss, dass es immer irgendwie weiter geht. Wieso nicht auch jetzt? Man muss nichts umklammern, nichts festhalten wollen. Diese Einstellung macht mich leicht und beweglich: Frage nicht nach dem Warum, sondern nach dem Wozu.

Menschen sind fähig, sich in etwas hineinzusteigern. Zu diesen will ich nicht gehören. Bei solchen Menschen hege ich den Verdacht, dass es gar nicht um die Lösung des Problems geht, sondern nur darum, eine zementierte Sichtweise zu bestätigen. Es wird gejammert, die Schuld wird bei den anderen gesucht und natürlich auch gefunden. Die Opferrolle ist perfekt.

Am Häufigsten sind es negative Erfahrungen, die eine solch unglückselige Fixierung einläuten. In Familien und sogar in einigen therapeutischen (Selbsthilfe-)Gruppen wird das Schmutzige-Wäsche-Waschen hochgehalten. Sehr persönliche Erlebnisse aus Ehe, Partnerschaft und Kindheit werden haarklein erzählt, und die Anwesenden hören sich mit gleichgültig-deprimierten Gesichtern diese Geschichten an oder geben gelegentlich Ratschläge von sich, die vom Erzählenden dann sogleich abgelehnt werden. Der Vorschlag «Führ doch mal ein ernsthaftes

Gespräch» wird abgeschmettert mit der Bemerkung, mit «der Person» könne man nicht reden.

Gruppengespräche sollten das Ziel verfolgen, Transparenz von unbewussten Vorgängen zutage zu fördern, seelische Knackpunkte auf die Entstehungsgeschichte hin zu analysieren und Ängste offen auszudrücken. Doch die Erfahrung zeigt, dass es wenig hilfreich ist, wenn «vorbelastete» Personen sich immer wieder wechselseitig von ihren Problemen erzählen.

**Das Gegenmittel bei Negativität heisst «Stopp».
Es ist die freiwillige Selbstbeschränkung.**

Mit einer freiwilligen Selbstbeschränkung kann man jede unglückselige Spirale stoppen:
- Aufhören mit dem übermässigen Konsum,
- mit irrwitzigem Aufhetzen gegeneinander,
- aufhören mit der weitverbreiteten Raffgier,
- aufhören mit Neid, Eifersucht und der Idee, selbst zu kurz zu kommen.

Statt auf ein vom Staat verordnetes Gesetz zu warten, könnte jeder Mensch bei sich selbst mit der freiwilligen Selbstbeschränkung beginnen. Freiwillig auf etwas verzichten nach dem Motto: weniger ist mehr; sich selbst Grenzen zu setzen, auch im Jammern, im Schlechtreden. Ein «Stopp!» genügt.

Es gibt kein Menschenleben, in dem es gar keinen Anlass zur Freude gäbe. Die Kunst besteht darin, solche Anlässe bewusst wahrzunehmen. Der Alltag ist voll davon. Ein bewusstes Verzichten aufs Klagen und sich stattdessen darauf zu konzentrieren, was man sich gegenseitig an Erfreulichem zu berichten hat. Das kann jeder leicht ausprobieren – wenn er es nur will.[1]

Abstand gewinnen

Abstand gewinnen wird möglich, wenn man zu sich selbst auf Distanz geht, in eine Art Beobachterposition. Das fördert die Wahlmöglichkeiten: So will ich jetzt reagieren – und so nicht. Wir lösen damit unser Verhalten aus den Gewohnheiten und machen es steuerbar. Wir sind nicht mehr Opfer unserer Umstände und müssen nicht nach dem Prinzip «wie du mir, so ich dir» leben. Wir sind völlig frei, uns zu entscheiden, wie und wer wir werden möchten. Ich gestatte mir, Überzeugungen, Sichtweisen und Gewohnheiten zu hinterfragen.

- Wir sollten uns nicht einfachere Situationen wünschen, sondern erweiterte Fähigkeiten, mit den problematischen Situationen umzugehen.
- Oft fehlt uns die Fähigkeit, das ganze Bild zu sehen. Wir beschreiben etwas als Katastrophe, weil wir nur einen kleinen Ausschnitt des Gesamtbildes sehen. Erst später wird bestenfalls erkannt, dass die vermeintliche Katastrophe das Beste war, was uns passieren konnte.
- Jede sogenannte Katastrophe könnte mit diesen Worten begrüsst werden: «Macht mir das in fünf Jahren noch etwas aus?»

Es ärgert mich, wenn gesunde Leute jammern, dass dieses oder jenes nicht ginge, weil sie zu dick, zu dünn, zu alt, zu einsam, zu jung, zu hässlich oder zu sehr beschäf-

[1] vgl. Elisabeth Lukas «Familienglück», Kösel 2001; Elisabeth Lukas «Binde deinen Karren an einen Stern», LebensWert 2011; Beat Schaller «Die Macht der Psyche», Signum 2002

tigt sind. Wer sich auf diese Weise gegen den Versuch entschieden hat, aus seinem Trott auszubrechen, lässt dem Glück gar keine Chance, an sich heranzukommen. Wer die Fehler beim anderen sucht, wird sie finden, und seine negativen Vorurteile bestätigen sich. Wer das Positive im anderen sucht, wird es ebenfalls finden, und die Beziehung kann gedeihen. So einfach ist das.

Wer mir nun erzählt, es gebe so viel Grauen in der Welt, dem man nichts Positives abgewinnen könne, den frage ich:

«Ja, das ist richtig. Doch wieso befasst du dich damit? Was du anschaust, prägt dich!»

Niemand wird gezwungen, einen Horrorfilm anzusehen. Wer mit Verbrechern keinen Briefkontakt wünscht, muss das nicht tun, und es gibt keine Pflicht, sich Gewaltszenen im Internet anzusehen.

Deswegen muss man Krankheit und Tod nicht ausgrenzen. Die Alten und Schwachen zu vergessen wäre unchristlich und unsozial. Hier müssen wir Unterstützung bieten, wo wir können, mit dem, was uns möglich ist. Diese offene Haltung kann man üben, dann sieht man die Not, sieht aber auch das Schöne.

Der Mitmensch soll die Würde behalten, selbst zu bewältigen, was er schaffen kann. Man mischt sich nicht ein, nimmt niemandem etwas weg und erkennt die Notlage als Ganzes. Das macht es hier in Indien so schwierig. Ich sehe Notlagen, die es in Europa so kaum gibt oder die nicht wahrgenommen werden. Diesen Dingen in die Augen zu sehen, braucht Kraft und Mut.

Mein Fazit:

Der Mensch kann sich über seine Impulse und Triebe erheben, er kann in jeder Lage entscheiden, was er denken oder tun will. Das ist Souveränität. Tröstlich ist: Ich muss nicht alle Antworten kennen.

**Die Zeit ist schlecht? Wohlan!
Du bist da, sie besser zu machen.**

Thomas Carlyle

Kapitel 14

Care & Love – unser Waisenhaus

Brahma, der kosmische Geist

Wir fahren zum Waisenhaus. Es liegt am Rand der Slumviertel. Nuthan erzählt mir, was seine Motivation ist,
sich in den Dienst dieser Armen zu stellen. Er erklärt mir
in dem typischen Indisch-Englisch, dass er einen Traum
gehabt habe. In diesem Traum erschien ihm Brahma. Er
ist der Gott der Weisheit, und man glaubt, dass er den
Menschen die vier Veden – die grundlegenden religiö-
sen Schriften des Hinduismus – übergeben hat. Brahma
wird als der «höchste kosmische Geist» des Universums
bezeichnet.

Brahma hat vier Köpfe, rote Haut und trägt weisse
Kleidung. Er reitet auf einer Gans. Er hat vier Arme, und
in einem davon trägt er die Veden, in einem anderen ein
Zepter, in einem dritten ein Komondul – einen Wasser-
krug, der in hinduistischen Riten gebraucht wird –, und
im vierten Arm einen Bogen, auf neueren Darstellungen
auch gern eine Perlenkette. Noblesse oblige. Und wenn
Brahma erscheint, muss seiner Eingabe Folge geleistet
werden.

Brahma erschien ihm also im Traum und sagte zu ihm, er müsse sich in den Dienst armer Waisenkinder stellen und ihnen das Lernen ermöglichen. Geträumt, getan! Das Care & Love wurde im Jahr 2005 gegründet. Nuthan bekam von seinen Eltern eine kleine Garage mit etwas Umschwung zur Verfügung gestellt, auf dem er dann eine Blechhütte errichtete. Das Grundstück gehört dem Staat, und dieser erteilte ihm die offizielle Erlaubnis für den Betrieb eines Waisenhauses.

Doch als ältester Sohn hätte er sich viel mehr für seine Eltern engagieren sollen und sich, wie es alle anderen auch tun, bitteschön verheiraten lassen sollen. Die Eltern haben mit dem Sohn gebrochen, weil er offenbar das Wohl «fremder Nichtsnutze» höher wertet als das Wohl der eigenen Eltern, der eigenen Familie.

Mein Hindi-Lehrer Narayanan erzählte mir vom Care & Love. Ich besuchte das Waisenhaus das erste Mal im Sommer 2010. Was traf ich damals dort an? 37 Kinder unterschiedlichen Alters. Das jüngste, ein Frühchen, war zwei Tage zuvor im Müll gefunden worden. Wir tauften das Minibüblein auf den Namen Jonathan. Jonathan hatte eine gelb-graue Hautfarbe, atmete unregelmässig, und wenn er die Augen öffnete, sah ich in unendlich dunkle, tiefe Abgründe. Seine Augen wirkten wie die eines alten Mannes.

«Wir bringen das Baby sofort zum Arzt!», beschloss ich. Mein Fahrer kurvte gekonnt unseren schwarzen kleinen Chevrolet durch den chaotischen Strassenverkehr Hyderabads zum nächstgelegenen Spital. Nuthan trug das Häufchen Leben zur Notaufnahme. Dort musste ich unterschreiben, dass ich für die Spitalkos-

ten aufkommen würde. Ohne Kreditkarte läuft im Gesundheitswesen gar nichts. Oder Bargeld. Zuerst wird bezahlt, bevor irgendwelche Untersuchungen durchgeführt werden. Sicher ist sicher.

Die grösseren Kinder von Care & Love sind in der Schule, die kleineren spielen mit Steinen im Hof. Zwei Betreuerinnen arbeiten im Haus, es sind Inderinnen, die von ihren Ehemännern missbraucht oder gequält wurden. So kamen sie zu Nuthan und erhalten dort Kost und Logis. Eine der Betreuerinnen wickelt gerade ein Baby auf dem Boden. Wegwerfwindeln gibt es nicht. Die andere Frau steht in der Küche dieser Blechhütte, die mit einem simplen Holzherd ausgerüstet ist. Schliesslich müssen die 37 Kinder versorgt werden.

Diese haben uns kommen sehen und rennen auf uns zu. Sie tragen alle ihre blau-violette Schuluniform. Ich sehe die modrigen Wände, an denen der Pilz wuchert, der undichte Wasserhahn tropft noch immer. Das Wasser, das dort herauskommt, ist verschmutzt. Eine Toilette oder eine Dusche gibt es nicht.

Nuthan kommt uns entgegen, ein hochgewachsener Mann mit pechschwarzen kurzen Haaren und gütigen Augen. In seiner ruhigen Art erklärt er das Heim. Der Rundgang dauert eine Minute. Es gibt nicht viel zu sehen: ein Raum für die Mädchen, eine umfunktionierte Garage für die Jungs. Jeden Monat mache ich mit Nuthan und den grösseren Kinder eine Einkaufstour und bezahle dann die Nahrungsmittel, die Hygieneartikel, Schulbücher und Kleider. Markus und ich unterstützen das Waisenhaus regelmässig.

Ruth, meine Besucherin aus der Schweiz, ist mitgekommen. Sie verständigt sich auf Englisch und mit Zeichensprache. Unterwegs kaufen wir Früchte, damit sie den Kindern etwas schenken kann. Schokolade und andere Süssigkeiten werden zwar auch sehr geschätzt, die Kinder brauchen jedoch erst einmal ein paar Vitamine. Alles andere wäre Luxus, und solchen Luxus kennen diese Ärmsten der Armen nicht. Dann stellen sich die Kinder auf und singen, es ist eher ein herzlicher Sprechgesang. Ruth lässt sich von Nuthan erklären, was die Kinder gerade in der Schule gelernt haben. Sie haben etwas über das indische Handwerk gelesen und müssen eine Zusammenfassung schreiben. Die kleineren lernen das Einmaleins. Jedes Kind wird kurz vorgestellt und darf dann wegspringen. Ich bitte Nuthan, keine Details über das Schicksal des einzelnen Kindes zu erzählen. So soll vermieden werden, dass ein Kind immer und immer wieder seine schlimme Geschichte hört oder sie gar selbst erzählen muss.

Einblick in die indische Gesellschaft

Anusha arbeitete schon als kleines Mädchen zusammen mit ihrer Mutter auf dem Bau von Jagath Girigutta. Die Mutter wurde krank und starb. Niemand wollte die Leiche wegräumen, das war ja mit Kosten verbunden. Anusha hatte Glück und wurde im Care & Love aufgenommen. Wir bezahlten die Beerdigung für ihre Mutter. Anusha ist das Ergebnis einer Vergewaltigung. Sie musste nicht nur ohne Vater aufwachsen, obendrein wurde ihre Mutter verstossen, als die Schwangerschaft offensichtlich wurde.

Akhil kam schon mit sieben Monaten ins Waisenhaus. Seine Eltern hatten entgegen der hiesigen Sitten eine Liebesheirat vollzogen. Die Liebe hielt nicht lange. Das junge Mädchen war im siebten Monat schwanger, als der Vater sie verliess. Das warf die junge Mutter aus der Bahn und führte zu einer psychischen Krankheit, die sie komplett destabilisierte. Nur noch eine Nachbarin schaute hie und da nach ihr. Sie vernachlässigte ihr Kind völlig, realisierte nicht, wenn ihr jemand das Baby nahm. Denn es kommt hier öfter vor, dass Kinder gestohlen und verkauft werden. Sie bat dann die Nachbarin, das Baby ins Waisenhaus zu bringen. Es ist heute einer der fröhlichsten Jungen im Haus.

Sabitha ist die zehnjährige Tochter einer Mutter, die ihren Ehemann verlassen hat, weil er sie mehrmals mit ätzender Flüssigkeit überschüttete und anzünden wollte. Er hat sie verdächtigt, eine Affäre zu haben. Die Mutter arbeitete sehr hart, aber es reichte nicht, um Miete und Nahrung zu bezahlen. Sie wurde angezeigt und auf die Strasse gesetzt, weil sie ihre Miete nicht bezahlen konnte. Dann brachte man Sabitha ins Waisenhaus.

Uma stammt aus einer Patchworkfamilie. Der Vater war an Denguefieber gestorben, und die Mutter heiratete nochmals – für eine indische Frau ein absoluter Glücksfall, denn normalerweise dürfen Witwen nicht mehr heiraten. Der Stiefvater, selbst verwitwet, hielt die drei Stiefkinder wie Sklaven. Uma entschloss sich deshalb, von zu Hause wegzulaufen. Sie wurde von der Polizei aufgegriffen und ins Waisenhaus gebracht.

Sai Krupa ist die Tochter eines Bettlers, dessen Frau gestorben war. Das Kleinkind wurde von anderen Bettlern auf der Strasse mitgefüttert, bis es ins Waisenhaus durfte. Andere Kinder sind Strassenkinder, die weder ihre Mutter noch ihren Vater kennen. Oft werden Säuglinge auf einen Abfallhaufen gelegt oder, wenn es die «edle» Version sein soll, in einem Tempel abgelegt, bis

irgendjemand das wimmernde Häufchen Mensch findet und ins Waisenhaus bringt.

Die Kinder fragen mich immer wieder, wie es denn ist, in «Swiserland» zu leben. Diesmal gibt mein Besuch Auskunft. «Yes, ein Country, yes.» Wir erklären, dass dort ebenfalls Reis gegessen wird, wenn auch nicht zum Frühstück, dass Las Vegas in den USA liegt, nicht in Swiserland, und Pepsi ein erfrischendes Süssgetränk ist. Ich musste erklären, dass meine Eltern ihren eigenen Wohnsitz haben und weder bei meinem Bruder noch bei mir wohnen. Das ist hier nicht üblich. Normalerweise kümmert sich der älteste Sohn um seine Eltern, oder genauer gesagt: Seine Ehefrau muss durch die Heirat ins Haus der Schwiegereltern und des Sohnes ziehen und sich da um die alternden Schwiegereltern kümmern.

Und Kinder? Hier muss eine Frau einfach Kinder haben. Der Druck der Familie ist gross. Vor allem muss die Frau einen Sohn gebären. Töchter sind minderwertig, und die Mitgift dereinst bei der Verheiratung ist teuer.

Die Kinder sind an absolut allem interessiert und stellen Fragen über Fragen. Genau genommen stellt die Fragen Anusha. Sie hat bereits die Schule besuchen können und spricht etwas Englisch.

Dann hat Ruth noch eine Überraschung bereit. Sie hat Seifenblasenwasser für die Kinder gekauft, für die Schüler bringt sie ein paar Notizblöcke mit. Nuthan fragt mich noch, ob ich neue Spender hätte, habe ich momentan aber nicht. Er wirkt bedrückt.

Hier haben wir es mit Kastenlosen zu tun. Was werden sie arbeiten?, frage ich Nuthan. Er hat keine Antwort. Er kann nicht mehr tun. Er verdient ja nichts mit dem Waisenhaus und arbeitet nachts im Callcenter einer Bank. Es gibt keine Spendentradition in Indien. Wer einer Kaste angehört, ignoriert die Armen.

Die Blechhütte der Mädchen und die Garage der Jungs sind im Sommer unerträglich stickig und heiss und während des Monsuns regnet es durch jede Ritze. Im Hof gibt es keinen Abfluss, regelmässig stehen die Gebäude des Care & Love unter Wasser. Das zieht Ratten und anderes Ungeziefer an. Es kreucht und fleucht ohnehin überall, die Kinder bringen Flöhe und Läuse ins Waisenhaus, und die kleinen Tierchen vermehren sich blitzschnell. Eine unhaltbare Situation. Ausserdem erscheint es sinnlos, alle dringend notwendigen Reparaturen durchzuführen. Das Grundstück gehört dem Staat, und wenn dieser Platzbedarf hat, werden sämtliche Hütten in den Slums plattgewalzt.

Markus und ich denken darüber nach. Wir möchten den Kindern ein solides Zuhause geben und wollen unser Geld in ein nachhaltigeres Projekt investieren. Also suchen wir gemeinsam mit Nuthan ein passendes Haus für die Kinder. Endlich ruft er uns an: Er habe genau das Richtige gefunden.

Wir verabreden uns mit Nuthan, damit er uns das Haus zeigt. Doch bei der Besichtigung sind plötzlich zwei «Kollegen» anwesend, die wir noch nie zuvor gesehen haben und von denen uns Nuthan nie erzählt hat. Diese beiden Herren drängen auf einen sofortigen Kauf. «Sir please, for the kids. Sir please, think of the children.» Die beiden uns unbekannten Inder nötigen und bedrängen uns aufs Schärfste.

Doch sie unterschätzten Markus. Er will wissen, in welcher Funktion die beiden Herren hier sind, was genau sie für das Care & Love tun wollen, weshalb sie sich vorher noch nie gezeigt haben. Den beiden Indern wird unwohl. Ihr Lachen tönt gepresst, die Sonnenbrillen vermögen ihren Ärger über Markus' Fragen nicht zu verdecken. Und Markus stoppt in diesem Moment die Übung: Nix da, es wird kein Haus gekauft. Punkt. Ende der Durchsage.

In den Augen dieser Inder sind wir «reiche Ausländer», die man auf gut Indisch einfach abzocken muss. Wir mussten bereits ähnliche Erfahrungen machen. Sie versuchen es tatsächlich immer wieder, andere Leute über den Tisch zu ziehen. Jeder will noch irgendwie profitieren. Korrupt sind sehr viele. Klar ist es hier ein dauernder Überlebenskampf, doch jetzt ist genug. Ich bin zutiefst enttäuscht, auch von Nuthan. Fragen kommen auf: Hat er uns die ganze Zeit angelogen? Ich kenne Waisenhäuser, die man ausschliesslich auf Voranmeldung besuchen darf. Ich weiss inzwischen auch, weshalb: Weil die Betreiber des Hauses auf die Schnelle alle Kinder in der Umgebung zusammentrommeln müssen, damit diese dann mit hängenden Köpfen den Ausländern zeigen, wie «arm» sie sind. Auch ein Weg, Spenden zu generieren. Das Care & Love habe ich deshalb schon oft ganz spontan besucht, um sicher sein zu können, dass diese Kinder «echte Waisen» sind. Trotzdem: Wir lassen dieses Projekt fallen und unterstützen die Kinder zunächst weiter mit dem Nötigsten. Alles wie gehabt. Ratten, Läuse – und trotzdem fröhliches Kinderlachen. Indien ist wahrlich nichts für schwache Nerven.

Der Staat hilft nicht. Er duldet die Initiativen einiger Freiwilliger, mehr nicht. Wir sehen, dass Nuthan sein privates, schwer verdientes Geld für die Kinder einsetzt und sich liebevoll engagiert, aber er ist nachlässig, wenn es um Reparaturen geht. Vielleicht ist er einfach zu müde.

Das war vor vier Jahren. Gemeinsam mit Nuthan fanden wir einen geeigneten, bezahlbaren Bauplatz. Markus hat sich der Planung und der Bauleitung angenommen.

Er konnte sogar zwei Inder aus der oberen Mittelschicht für das Projekt begeistern. Diese beiden Männer bringen sich nun ein, sei es mit einer Spende, sei es mit Handwerk oder Fachwissen. Auch eine Schweizer Baufirma, Freunde, Verwandte und Bekannte unterstützen unser Waisenhaus.

Im November 2016 haben wir das neue Care & Love-Haus eröffnet!

Unglaublich, wie sehr sich die Kinder auf ihr neues Zuhause freuen! Manchmal ist Hilfe vor Ort sehr belastend und schwierig, hier aber haben wir allen Grund zur Freude.

Seit vielen Jahren werden wir als «Gastarbeiter» in dieser Stadt nicht bloss geduldet, sondern auch geschätzt. Wir haben viel gelernt und das eine und andere Denkmuster, die eine oder andere Sichtweise revidiert. Nun können wir dieser Stadt etwas zurückgeben: ein neues Care & Love. Ein Zuhause für 40 Kinder und fünf Frauen.

Mein Fazit:

Wie wahr sind Erich Kästners Worte: «Auch aus Steinen, die dir in den Weg gelegt werden, kannst du etwas Schönes bauen.»

Meine Pläne können zerbrechen, «mein» Sinn im Leben mag sich ändern, doch: Immer gibt es jemanden, gibt es etwas, wofür ich leben kann.

Buddha

Kapitel 15

Zwei Jahre später...

Sie heissen nicht Satya Nadella, Sunder Pichai, Vasan Narasimham oder Ratan Tata und sitzen noch auf keinem Managerstuhl von Microsoft, Google, Novartis oder sind Eigentümer von Jaguar, Land Rover, Range Rover oder namhafte Aktionäre von ThyssenKrupp.

Es sind auch noch keine Gandhis oder Modis. Sie heissen Anusha, Divya, Akshitha, Babuna, Benisha oder Isha. Es sind 26 Mädchen unterschiedlichen Alters. Sie wohnen noch da. Seit bald zwei Jahren können sie ihr neues Zuhause geniessen – jedoch ohne ihre 14 «Brüder». Kein einziger Knabe ist vor Ort. Was ist passiert? Die Buben sind plötzlich weg. Wo sind sie? Nuthan hat mich weder informiert noch lässt er jetzt die Katze aus dem Sack. Ich hake nach. «Nuthan, wo sind die Knaben? Weshalb ist der Boysfloor leer? Was geht hier vor?» Knapp erklärt er, dass das indische Government Knall auf Fall beschlossen habe, dass alle Waisenhäuser nur noch geschlechtlich getrennt betrieben werden dürfen. «Oh, das ist ja völlig unerwartet und unangekündigt. Ein typischer Schnellschuss der Regierung. Sowas kommt in Indien immer mal wieder vor. Doch wo sind die Buben jetzt?», will ich wissen. «In einem anderen Quartier. Ich fand für sie eine Hütte.» «Wo ist das? Und kann ich sie dort besuchen?» «Sie sind noch nicht eingerichtet. Es dauert halt ein Weilchen. Next time, of course, fahren wir zusammen hin.»

Alle meine Bemühungen sind bis jetzt im Sand verlaufen. «Next time». Diese Floskel kenne ich. «Next time» heisst in Indien soviel wie «nie». Der Kontakt zu den Boys ist abgebrochen. Ich kann die Kinder nicht ausfindig machen. Sind sie überhaupt noch in Hyderabad?

Vielleicht wurden sie in einem anderen Waisenhaus platziert? Ich weiss es nicht.

Von Nuthan erfahre ich nichts. Beharrlich schweigt er. Irgendwie ist er komisch geworden, dieser Mann. Er wirkt unsicher, abwesend und weicht all meinen Fragen aus. Ich merke, dass es ihm unangenehm ist, wenn ich mich zu sehr für Details interessiere. Ich bin enttäuscht. Ich war der Meinung, dass wir nach über sieben Jahren enger Zusammenarbeit ein Vertrauensverhältnis aufgebaut hätten. Doch kann man mit Menschen aus einer so anderen Kultur wirklich ein Vertrauensverhältnis aufbauen? Habe ich wirklich erkannt, wie Inder ticken? War er nur so zugänglich und nett, bis er hatte, was er wollte: Geld? Habe ich mich in ihm so sehr getäuscht? Noch vor wenigen Monaten freute er sich mit den Kindern und uns über den Einzug ins neue Haus. Es wurde gefeiert, Lieder wurden gesungen und es wurde getanzt – und jetzt wirkt er völlig verschlossen. «Der Mohr hat seinen Dienst getan, er kann gehen», besagt ein Sprichwort. Genau so fühle ich mich. Nuthan weiss natürlich, dass wir seit sechs Monaten wieder in der Schweiz leben und ich nicht mehr jederzeit einfach kurz vorbeischauen kann. Jetzt besuche ich das Care & Love nur auf Vorankündigung. «Nuthan, was ist los? Wo drückt der Schuh? Wir kennen uns jetzt schon über sieben Jahre – sag, wo liegt der Hund begraben?» «Es ist alles bestens. No problem. Ich bin einfach nur erschöpft und müde.» «Das kann ich gut nachvollziehen. Du hast auch ein unglaubliches Pensum zu bewältigen. Du arbeitest sehr viel. Doch deine Arbeit ist nicht nur unglaublich wichtig, du nimmst dich auch der Ärmsten der Armen deiner Stadt an und ermöglichst ihnen eine bessere Zukunft. Das ist das wohl Edelste, was einer tun kann! Und schliesslich bist du nicht allein – Markus und ich haben dich immer sehr grosszügig unterstützt. Auch unsere Freunde und Bekannten aus der Schweiz haben dein Care & Love mitgetragen. Wir sind weiterhin bereit, für gewisse Projekte Geld zu spenden – doch für die Alltagskosten musst du neue Sponsoren suchen. Wir haben ja gemeinsam vor einiger Zeit ein Projekt entwickelt, wo und mit wem du allenfalls zusammenspannen könntest. Jetzt heisst es, diese Strategie umzusetzen. Nuthan, du kannst stolz sein. Du hast unglaublich viel erreicht. Du hast das wohl schönste Waisenhaus in der Stadt. Du kannst ‹deinen› Kindern einiges bieten! Dank dir haben sie eine bessere Zukunftsaussicht.» So versuche ich ihn zu motivieren, ihm gut zuzureden. Als Reaktion kriege

ich ein nettes Lächeln, ein Kopfnicken und ein «Yes, of course, thanks so much. You are so nice!»

Ich bin enttäuscht, und mit einem schalen Gefühl verlasse ich das Haus. Die Mädchen aber sind da, freuen sich, winken mir zu und sagen: «Sister, please come back soon!»

Ich bin enttäuscht.

Was hätte ich erwartet? Dass er mich über den Beschluss der Regierung informiert hätte. Und ich hätte erwartet, dass ich die Buben besuchen kann. Doch in Indien ist alles ein bisschen anders, und auch hier lerne ich das «Loslassen». Manchmal sind solche Erfahrungen hart. Sehr hart. Doch der Reihe nach:

Wir wohnten noch immer in Hyderabad. Nach der Planung und dem Bau des neuen Care & Love-Waisenhauses konnten wir im November 2016 das schöne, dreistöckige grosszügige Gebäude beziehen. Es war eine wunderschöne Einweihungsfeier. Die Kinder hatten riesengrosse Augen und staunten, dass nun jedes ein eigenes Bett zur Verfügung hat, dass es Toiletten und Duschen gibt, ja sogar eine Küche mit fliessend Warm- und Kaltwasser, Kühlschrank und Economat. Ein Knabe fragte mich ganz scheu, ob er denn wieder einmal hierher kommen dürfe. Es würde ihm hier so wahnsinnig gut gefallen. Er konnte es nicht fassen, dass das nun sein neues Zuhause ist. Endlich haben die Kinder ein richtiges Daheim mit hygienischen Einrichtungen. Jedes Kind erhält eine gute Schulbildung, lernt Englisch und den Umgang mit der modernen Technik und hat somit für indische Verhältnisse überdurchschnittlich gute Startbedingungen.

Nuthan führt das Haus nach christlichen Grundsätzen, was soviel heisst, dass die Kinder vor den Mahlzeiten beten und es werden nicht nur hinduistische Bräuche zelebriert, sondern auch Weihnachten, Ostern und andere christliche Feiertage. An Weihnachten erhält jedes Kind von uns ein persönliches Geschenk. Das kann ein Kleid sein, ein Malbuch mit Farbstiften, Schulbücher oder Schuhe – einfach das, was gerade benötigt wird. Manchmal bekommen die grossen Mädchen sogar ein bisschen Schminke oder ein Duftwässerchen und die Knaben ein Aftershave oder ein Sportgerät.

Nuthan und ich treffen uns zwecks Informationsaustausch. Er und die Kinder sind glücklich im neuen Haus, Markus und ich haben alle Rechnungen bezahlt und Garantiearbeiten eingefordert. Der Betrieb im Haus funktioniert einwandfrei. Mit Palmen und Blumen haben wir die Umgebung verschönert und Basketballständer aufstellen lassen, damit die Kinder sich auch vor dem Haus vergnügen können. Im Frühjahr 2017 beginnt Nuthan, um ein Auto zu betteln. «Please, please, it is very important.» Damit könne er die Kinder zur Schule fahren, Einkäufe einfacher besorgen oder Ausflüge mit seiner Kinderschar machen. Das leuchtet alles ein, ist plausibel und verständlich. Ganz nach dem Motto «steter Tropfen höhlt den Stein» bleibt er so lange an diesem Thema, bis ich mich schuldig fühle, ihm noch kein Vehikel gekauft zu haben. Also begeben wir uns auf die Suche und: Wer sucht, der findet: ein Kleinbus. In einer feierlichen Zeremonie wird das Auto an Nuthan und die Kinder übergeben. Nun also ist auch dieses Problem gelöst. Doch der nächste Wunsch von Nuthan lässt nicht lange auf sich warten. Jetzt möchte er Land kaufen, um Gemüse anzupflanzen, zwei Kühe anschaffen, damit der tägliche Milchbedarf von 14 Litern gedeckt ist, und, und, und. Die Wunschliste wird immer länger und sein leidender Gesichtsausdruck immer extremer. Doch auch wir haben keinen Goldesel im Stall und müssen ziemlich hart arbeiten für unser Geld. Ich versuche, ihm diesen Sachverhalt zu erklären. Wir haben nicht unbeschränkt Geld zur Verfügung und können nicht noch mehr Geld an das Waisenhaus verschenken. Wir haben das Bauland finanziert, die Planung und den Bau des neuen Hauses, die Einrichtungen und so weiter. Noch mehr ist einfach nicht möglich. Doch aus seiner Sicht sind wir Menschen «im Westen» allesamt reich und die Geldnoten fliessen nur so die Bäche hinunter. Alles gibt's im Überfluss und alle haben alles. Klar, im Vergleich zur indischen Unterschicht sind wir Westler reich. Doch von nichts kommt nichts – und zudem gibt es auch arme Leute im Westen. Ich erkläre ihm, wie das in Europa läuft, dass die Lebenshaltungskosten sehr viel höher seien, die Mieten, die ärztliche Versorgung, die Versicherungen – doch will er das überhaupt nicht wissen.

Noch weitere finanzielle Mittel können wir nicht einbringen, doch ergibt sich die Möglichkeit, dass die musikalisch begabten Kinder regelmässig in den Genuss von Violinunterricht kommen. Ein Schweizer Musiklehrer, der in Hyderabad lebt, stellt uns kostenfrei Geigen zur Verfügung. Ein indischer Violinlehrer besucht alle zwei Wochen das Waisenhaus, um mit den Kindern zu üben. Es gab bereits ein kleines Konzert und die Kinder platzten beinahe vor Stolz. Ihr erster Auftritt war ein toller

Erfolg. Bekanntlich müssen trotz Applaus alle Kinder hin und wieder dazu angehalten werden, ihr Musikinstrument zum Üben zu benutzen. Nur so können Fortschritte erzielt werden. Doch das Üben ist nicht immer lustig und angenehm. Nuthan sah den Sinn des Übens nur beschränkt ein, und so forderte er die Kinder leider auch nicht dazu auf. Schade. Wir haben Nuthan erklärt, wie wichtig eine musikalische Früherziehung sei und dass diese Möglichkeit eine Riesenchance für die Kinder sei. Geübt wurde dennoch nicht. Das Projekt musste gestoppt werden. Eine verpasste Chance. Die Erfüllung der eigenen Wünsche und Träume steht bei Nuthan – und vielen anderen Menschen – an erster Stelle.

Das ist in Indien irgendwie noch nachvollziehbar.

Was jedoch nicht nachvollziehbar ist:

Die zweite Hauseinweihung

Mitte 2017 brechen wir unsere Zelte in Hyderabad ab und ziehen wieder in die Schweiz zurück. Nach über sieben Jahren eine erfreuliche Entwicklung! Heimisch wurde ich in all den Jahren trotz grossem Engagement nicht – zu unterschiedlich sind die Kulturen. Jetzt ist die Mission von Markus erfolgreich abgeschlossen und eine Beförderung für ihn steht an: Er übergibt den Posten als CEO an einen Inder, den er zuvor viele Jahre aufgebaut, gefördert und gefordert hat. Markus wird «Chairman of the board» der indischen Gesellschaften. In der Schweiz heisst das «Verwaltungsratspräsident». In dieser neuen Funktion muss er nun nicht mehr zwingend in Hyderabad wohnhaft sein, sondern einfach noch regelmässig vor Ort Sitzungen leiten, Strategien vorgeben und Probleme lösen.

So nehmen wir Abschied von Hyderabad, den Mitarbeiterinnen und Mitarbeitern und natürlich auch von unseren Kindern im Waisenhaus. Es wird getanzt und gefeiert, Kuchen und Tee serviert und Tränen fliessen auf beiden Seiten. Wir versprechen uns, dass wir die aktuelle Technik nutzen, um in Kontakt zu bleiben und ich bei meinen künftigen Indienbesuchen selbstverständlich «meine» Kinder im Care & Love treffen werde.

Weihnachten 2017 steht vor der Türe und wir überlegen uns, was wir denn unseren Kindern und Nuthan schenken könnten. So verfasse ich einen Brief an unsere Freunde und Verwandten, dass sie doch – statt uns zu beschenken – einen Batzen auf das «Care & Love»-Bankkonto überweisen könnten. Um diesen Brief optisch etwas zu verschönern, suche ich im Internet nach den neuesten Bildern und Aktivitäten des Waisenhauses. Und da kommt der Hammer:

«Kinder vom Care & Love Waisenhaus sind in ihr neues Heim gezogen… Ein fantastisches 3-stöckiges Haus – gebaut von Amazon India.»

Ich reibe mir die Augen. Das muss eine Verwechslung sein! Das gibt's doch überhaupt nicht! Wieder und wieder lese ich den Text:

«Amazon hat heute den Kindern vom Care & Love Waisenhaus in Hyderabad den Schlüssel übergeben. Die Kinder freuen sich riesig. Endlich dürfen sie in ihr Traumhaus einziehen. Thanks to Amazon.»

Weiter lese ich, dass Nuthan seit 2010 mit Amazon zusammenarbeite und Amazon so glücklich sei, den Ärmsten der Armen in Hyderabad ein so wunderschönes Zuhause zu schenken.

Nuthan wird zitiert: «Die Initiative von Amazon ist eine noble Geste, die uns helfen wird, diesen Kindern eine Zukunft zu geben. Thanks to Amazon.»

Ein Video der Einweihungsfeier ist zu sehen – unser Haus ist schön geschmückt, fröhliche Kinder rufen «thanks to Amazon», ein grinsender Nuthan, Lokalpolitiker und Leute von Amazon Hyderabad lächeln allesamt in die Kamera. Da wird eine grosse, neben dem Hauseingang montierte silberfarbige Tafel mit der Aufschrift «Built by Amazon India» eingeweiht – ein paar wenige Wochen zuvor hing da noch unsere Tafel.

Unglaublich!

So hat Nuthan nicht nur Ende 2016 unser neues Haus – gemeinsam mit uns und unseren Gönnern aus der

Schweiz – eingeweiht, sondern nur ein halbes Jahr später feierte er noch einmal. Dieses Mal mit Amazon India. Und alle spielten mit und riefen im Chor: «Thanks to Amazon».

In Indien ist es ein Leichtes, die vielen Rechnungen des Neubaus zu kopieren und diese nochmals bezahlen zu lassen – diesmal von Amazon India. Thanks to Amazon. So also macht man Deals in Indien. Incredible India.

Später habe ich noch einige Geschichten von Menschen erfahren, die sich in Indien finanziell, zeitlich und emotional engagierten – mit sehr ähnlichem Ausgang. Das vermittelt mir das Gefühl, dass diese Menschen uns einfach die Gelegenheit geben möchten, ihnen zu helfen und dabei ein gutes Gewissen zu haben. Die Inder würden sagen: «So kannst du dir ein gutes Karma erarbeiten.» In unserer westlichen Welt gilt wohltätig zu sein als schick und ist schon beinahe ein «must». In vielen Spenden- und Bettelbriefen wird an unser Gewissen appelliert. Müsste nicht Manpower statt Geldbeträgen zur Verfügung gestellt werden? Können wir «Westler» denn dieses riesige Land Indien «retten»? Wovor wollen wir es eigentlich retten?

Die Religion, die Kasten und das massive Bevölkerungswachstum, die immensen Umweltprobleme und die Machenschaften vieler Politiker zementieren die spezielle Haltung vieler Inder: «Jeder ist sich selbst der Nächste.» Das wird sich kaum ändern – obwohl es eine wachsende Mittelschicht und zunehmend gut ausgebildete Leute gibt. Doch die Reichen werden immer reicher, die Armen immer ärmer. So dreht sich das Rad der Zeit weiter und weiter. Wir Menschen im Westen können Gelder spenden – es ist niemals genug. Und wer sich bei den Spenden zusätzlich bereichert, möchte man gar nicht wissen. Getrickst wird überall. Im kleinen und im grossen Stil. Es ist ein immerwährender Überlebenskampf und jeder versucht, den anderen zu übervorteilen. Was habe ich aus dieser Geschichte gelernt?

- Lass das Verhalten anderer nicht deinen inneren Frieden stören.
- Das, was gut war, bleibt bis in alle Ewigkeiten gut. Niemand kann es «schlechtmachen».
- Zitat aus «Alice im Wunderland»: «Den Schreck dieses Augenblickes werde ich nie vergessen», fuhr der König fort. – «Du wirst ihn vergessen», sagte die Königin, «es sei denn, du errichtest ihm ein Denkmal.»

Indien ist und bleibt «incredible». Es ist ein Land zwischen Armut und Aufbruch. Es liegen Welten zwischen den Metropolen und den ärmsten Regionen, ein Land der Kontraste und Extreme. Unvorstellbares Elend und Armut sind in Indien genauso allgegenwärtig wie Fortschritt, Kultur und Lebensfreude. Das Leid von Kindern, die in Indien auf der Strasse leben, ist unermesslich. Sie betteln und stehlen. Kinderarbeit ist weit verbreitet und so früh wie nur möglich werden Kinder in die Erwerbsarbeit miteinbezogen, damit die Familie überleben kann. Kinder werden auf Müllhalden oder in Steinbrüchen eingesetzt und bekommen keine Schulbildung. Genau so wäre das Schicksal unserer 40 Kinder vom Care & Love. Über sieben Jahre lang war ich ihre «Sister», wie sie mich nannten, und Markus war ihr «Onkel». Wir konnten ihnen Freundschaft, Aufmerksamkeit, Respekt und ein schönes Zuhause schenken, und jedes der Kinder bekommt eine Schulbildung und somit einen soliden Start in ein besseres Leben voller Glaube, Hoffnung und Liebe. Und wer weiss: Vielleicht heisst die neue Generation von Managern plötzlich Anusha, Divya, Akshitha, Babuna, Benisha oder Isha, sind Unternehmerinnen, betreiben eine Politik, bei der sich nicht schon Studenten vor den Zug werfen müssen, weil sie Angst vor Arbeitslosigkeit haben, oder sich verliebte Pärchen am Baum erhängen, bloss weil diese Liebe von der Familie nicht akzeptiert wird. Und vielleicht werden die Anushas, Divyas, Akshithas, Babunas, Benishas und Ishas zu Menschen, die ein sinnerfülltes Leben gestalten können – zum Wohle ihrer Nächsten und zum Wohle ihres Landes.

«Ich hoffe, dass ich Indien ein wenig besser verlasse, als ich es vorgefunden habe.»

Mein Fazit:

«Ich kann nicht lange bleiben», flüstert der Glücksmoment, «aber ich lege dir eine wundervolle Erinnerung ins Herz.»

**Nur Reisen ist Leben,
wie umgekehrt das Leben
Reisen ist.**

Jean Paul

Kapitel 16

Weiterführende Literatur und Dank

Dank

Meinem Ehemann Markus danke ich herzlich, dass er mir diese aussergewöhnliche Indien-Erfahrung ermöglicht hat. Dass der Mensch an seinen Aufgaben wächst, habe ich unter den erschwerten Bedingungen dieses Landes hautnah erlebt.

Meiner Freundin Regula Widmer danke ich sehr für die wertvolle moralische Unterstützung.

Ein besonderes Dankeschön geht an Elisabeth Bachofen. Sie hat das Vorwort geschrieben, den Text redigiert und mich immer wieder motiviert, am Ball zu bleiben.

Ein liebes «Merci» geht an Joe Koster. Er stellte das Bild auf Seite 131 zur Verfügung.

Danken möchte ich an dieser Stelle auch meiner Familie, insbesondere meinen Eltern Arthur und Marianne, meinem Bruder Daniel, Eliane, Andreas, Simon, Nathalie, Zoë und Niél für ihr Da-Sein.

Frau Dr. Dagmar Hampl danke ich für die liebevolle Unterstützung. Sie fand immer die richtigen Worte, wenn Verzweiflung aufkommen wollte. Danken möchte ich auch Alisia, Raphael und Sophie. Sie geben mir die nötige Inspiration, das Leben mit einer gewissen Leichtigkeit anzugehen.

Ein spezieller Dank geht auch an die Mitarbeiterinnen und Mitarbeiter von Bharathi-Cement India und an Vicat.

Lesetipps

- Alfred Adler: Menschenkenntnis; Fischer Verlag
- Guy Bodenmann, Caroline Fux: Was Paare stark macht; Beobachter-Edition
- Hans Jellouschek: Was die Liebe braucht; Kreuz Verlag
- Elisabeth Lukas: Der Schlüssel zu einem sinnvollen Leben; Kösel Verlag
- Elisabeth Lukas: Binde deinen Karren an einen Stern. Was uns im Leben weiterbringt; Verlag neue Stadt
- Elisabeth Lukas: Familienglück; Kösel Verlag
- Elisabeth Lukas: Alles fügt und erfüllt sich. Die Sinnfrage im Alter; Quell Verlag, Stuttgart
- Anna Maria Pircher-Friedrich: Mit Sinn zum nachhaltigen Erfolg; Erich Schmidt Verlag
- Nossrat Peseschkian: Erschöpfung und Überbelastung positiv bewältigen; Trias Verlag
- Josef Rattner, Gerhard Danzer: Philosophie für den Alltag; Wissenschaftliche Buchgesellschaft
- Gerhard Roth: Fühlen, Denken, Handeln. Wie das Gehirn unser Verhalten steuert; Suhrkamp Verlag
- Wilhelm Schmid: Schönes Leben? Einführung in die Lebenskunst; Suhrkamp Verlag
- Wilhelm Schmid: Die Liebe neu erfinden; Suhrkamp Verlag
- Wilhelm Schmid: Sex out und die Kunst, neu anzufangen; Insel Verlag
- Viktor E. Frankl: Trotzdem ja zum Leben sagen; Kösel Verlag GmbH

Autorin

Die Psychologin Dr. Esther Oberle leitete über zehn Jahre die Tagesklinik der Universitätsklinik Bern, bevor sie in die Life-Sciences-Industrie wechselte. Sie war für verschiedene multinationale Unternehmen als Coach und im Bereich Teaching, Assessment, Teamentwicklung und Supervision tätig. Seit 2005 führt Esther Oberle ihr eigenes Unternehmen. Sie begleitet Personen in schwierigen Lebenssituationen, engagiert sich als Dozentin an Hoch- und Fachhochschulen, in Spitälern, Alters- und Pflegeheimen, Arzt- und Zahnarztpraxen. Sie leitet Kurse und Personalweiterbildungen und referiert auf Kongressen im In- und Ausland. Dr. Oberle ist Member der «Top 100 Excellent Speakers and Trainers» und lebt in Dubai und in der Schweiz.

www.esther-oberle.com

Himmel und Hölle
Sie fürchtet sich vor der Liebe –
er vor der Reaktion seiner Ehefrau

Esther Oberle
Das Mieder der Frau Triebelhorn
320 Seiten, kartoniert
CHF 19.80
ISBN 978-3-7245-2323-9
Erscheinungstermin: April 2019

«Ich brauche in meinem Leben nur Menschen, die mich in ihrem auch brauchen.» Nach diesem Motto gestaltet Annabelle ihr Leben. Sie ist eine interessierte, moderne, selbstständige Frau und sie ist Single. Überzeugter Single. Durch einen Zufall lernt Sie Marc kennen. Der erfolgreiche Geschäftsmann hat alles, was ein Mann sich wünschen kann. Trotzdem oder vielleicht gerade deshalb beginnt er mit Annabelle eine sinnliche, leidenschaftliche Affäre. Dieser packende Roman beschreibt das pralle Leben zweier Menschen, die sich wie Magnete anziehen und doch abstossen, die fasziniert sind vom Gegenüber und sich doch verachten. Eine Verbindung, die es eigentlich nicht geben darf. Und trotzdem gibt es sie.

Wie geht ein Paar mit einem Seitensprung um? Kann es eine zweite Chance geben? Was macht Paare stark? Gibt es ein Geheimnis glücklicher Beziehungen?